MARCO POLO
CAPRI

Reisen mit Insider-Tipps
*Diese Tipps sind di...
Empfehlungen u...
Sie sind im Text...*

W0102607

*Fünf Symbole sollen Ihnen
die Orientierung in diesem Führer erleichtern:*

für Marco Polo Tipps – die besten in jeder Kategorie

für alle Objekte, bei denen Sie auch eine schöne Aussicht haben

für Plätze, wo Sie bestimmt viele Einheimische treffen

für Treffpunkte für junge Leute

(106/A1)
Seitenzahlen und Koordinaten für den Reiseatlas Capri
(U/A1) Koordinaten für den Stadtplan Capri im hinteren Umschlag

Diesen Führer schrieb Pia de Simony. Sie lebt seit sechzehn Jahren in Italien und berichtet im Fernsehen, in Nachrichten- und Reisemagazinen über dieses Land.

Die Marco Polo Reihe wird herausgegeben von Ferdinand Ranft.

Die aktuellsten Insider-Tipps finden Sie im Internet unter http://www.marco-polo.de

MAIRS GEOGRAPHISCHER VERLAG

MARCO ⊕ POLO

Für Ihre nächste Reise gibt es folgende Titel dieser Reihe:

Ägypten • Alaska • Algarve • Allgäu • Amrum/Föhr • Amsterdam • Andalusien • Antarktis • Argentinien/Buenos Aires • Athen • Australien • Azoren • Bahamas • Bali/Lombok • Baltikum • Bangkok • Barbados • Barcelona • Bayerischer Wald • Berlin • Berner Oberland • Bodensee • Bornholm • Brasilien/Rio • Bretagne • Brüssel • Budapest • Bulgarien • Burgund • Capri • Chalkidiki • Chicago und große Seen • Chiemgau/Berchtesgaden • Chile • China • Costa Blanca • Costa Brava • Costa del Sol/Granada • Costa Rica • Côte d'Azur • Dalmat. Küste • Dänemark • Disneyland Paris • Dolomiten • Dominik. Republik • Dresden • Dubai/Emirate/Oman • Düsseldorf • Ecuador/Galapagos • Eifel • Elba • Elsass • Emilia-Romagna • England • Erzgebirge/Vogtland • Finnland • Flandern • Florenz • Florida • Franken • Frankfurt • Frankreich • Franz. Atlantikküste • Fuerteventura • Gardasee • Golf von Neapel • Gomera/Hierro • Gran Canaria • Griechenland • Griech. Inseln/Ägäis • Hamburg • Harz • Hawaii • Heidelberg • Holland • Holl. Küste • Hongkong • Ibiza/Formentera • Indien • Ionische Inseln • Irland • Ischia • Island • Israel • Istanbul • Istrien • Italien • Italien Nord • Italien Süd • Ital. Adria • Ital. Riviera • Jamaika • Japan • Java/Sumatra • Jemen • Jerusalem • Jordanien • Kalifornien • Kanada • Kanada Ost • Kanada West • Kanalinseln • Karibik I • Karibik II • Kärnten • Kenia • Köln • Königsberg/Ostpreußen Nord • Kopenhagen • Korfu • Korsika • Kos • Kreta • Kuba • Languedoc-Roussillon • Lanzarote • La Palma • Leipzig • Libanon • Lissabon • Lofoten • Loire-Tal • London • Los Angeles • Lüneburger Heide • Luxemburg • Macau • Madagaskar • Madeira • Madrid • Mailand/Lombardei • Malaysia • Malediven • Mallorca • Malta • Mark Brandenburg • Marokko • Masurische Seen • Mauritius • Mecklenburger Seenplatte • Menorca • Mexiko • Mosel • Moskau • München • Namibia • Nepal • Neuseeland • New York • Nordseeküste: Niedersachsen mit Helgoland • Nordseeküste: Schleswig-Holstein • Normandie • Norwegen • Oberbayern • Oberital. Seen • Österreich • Ostfries. Inseln • Ostseeküste: Mecklenburg-Vorpommern • Ostseeküste: Schleswig-Holstein • Paris • Peking • Peloponnes • Peru/Bolivien • Pfalz • Philippinen • Phuket • Piemont/Turin • Polen • Portugal • Potsdam • Prag • Provence • Rhodos • Riesengebirge • Rocky Mountains • Rom • Rügen • Rumänien • Russland • Salzburg/Salzkammergut • Samos • San Francisco • Sardinien • Schottland • Schwarzwald • Schweden • Schweiz • Seychellen • Singapur • Sizilien • Slowakei • Spanien • Spreewald/Lausitz • Sri Lanka • Steiermark • St. Petersburg • Südafrika • Südamerika • Südengland • Südsee • Südtirol • Sylt • Syrien • Taiwan • Teneriffa • Tessin • Thailand • Thüringen • Tirol • Tokio • Toskana • Tschechien • Tunesien • Türkei • Türk. Mittelmeerküste • Umbrien • Ungarn • USA • USA: Neuengland • USA Ost • USA Südstaaten • USA Südwest • USA West • Usedom • Venedig • Venetien/Friaul • Venezuela • Vietnam • Wales • Washington D.C. • Weimar • Wien • Zürich • Zypern • Die besten Weine in Deutschland • Die tollsten Musicals in Deutschland

Die Marco Polo Redaktion freut sich, wenn Sie ihr schreiben: Marco Polo Redaktion,
Mairs Geographischer Verlag, Postfach 31 51, D-73751 Ostfildern

Unsere Autoren haben nach bestem Wissen recherchiert. Trotzdem schleichen sich
manchmal Fehler ein, für die der Verlag keine Haftung übernehmen kann.

Titelbild: Faraglioni, Sonnenaufgang (Michael Friedel)
Fotos: Fototeca E.N.I.T. Roma (34, 44, 83); Hackenberg (28, 31, 38, 77, 78);
Hartmann (4); Kallabis (9, 15, 19, 24, 27, 48, 54, 57, 70, 74, 90);
Mauritius: Hubatka (105); Schuster: Tauqueur (12); Thomas (16, 46, 62)

5., aktualisierte Auflage 2000
Chefredakteurin: Marion Zorn
Lektorat: Edgar Endl
© Mairs Geographischer Verlag, Ostfildern
Gestaltung: Thienhaus/Wippermann (Büro Hamburg)
Kartografie Reiseatlas: © Istituto Geografico DeAgostini, Novara
Sprachführer: in Zusammenarbeit mit dem Ernst Klett Verlag für Wissen und Bildung GmbH,
Redaktion PONS Wörterbücher
Das Werk einschließlich aller seiner Teile ist urheberrechtlich geschützt. Jede urheberrechtsrelevante
Verwertung ist ohne Zustimmung des Verlages unzulässig und strafbar. Das gilt insbesondere für
Vervielfältigungen, Übersetzungen, Nachahmungen, Mikroverfilmungen und die Einspeicherung und
Verarbeitung in elektronischen Systemen.

Printed in Germany
Gedruckt auf 100% chlorfrei gebleichtem Papier

INHALT

Auftakt: Entdecken Sie Capri! 5
*Verfallen Sie dem Zauber der Insel, und träumen Sie
an poetischen Buchten*

Geschichtstabelle 6

Stichworte: Von Caprese bis Prominenz 17
*Alles, was mit Capri zu tun hat. Eine Insel für Schriftsteller,
Künstler und Individualisten*

Essen & Trinken: Pasta in allen Variationen 25
*Geben Sie sich einem völlig neuen Pasta-Erlebnis hin,
und genießen Sie in vollen Zügen*

Einkaufen & Souvenirs: Ein Einkaufsdorado mit Tradition 29
*Nirgendwo finden sich elegante Modeboutiquen und Luxusläden so
geballt auf einem kleinen Fleckchen Erde wie auf Capri*

Capri-Kalender: Capresen und Touristen feiern das ganze Jahr 35
*Feierliche Prozessionen, internationale Segelwettkämpfe,
klassische Musikfestivals bei stimmungsvollen
Sonnenuntergängen*

Ort Capri: Rund um die Piazzetta 39
Der elegante und traditionsreiche Mittelpunkt der Insel

Anacapri: An den Hängen des Monte Solaro 71
*Die kleine, charmante Schwester der Hauptstadt hat ihren
eigenen, noch ländlichen Reiz*

Routen auf Capri 86

Praktische Hinweise: Von Auskunft bis Zoll 90
*Hier finden Sie kurz gefasst die wichtigsten Adressen und
Informationen für Ihre Capri-Reise*

Warnung: Bloß nicht! 96

Sprachführer Italienisch: Sprechen und Verstehen ganz einfach ... 97

Reiseatlas Capri 105

Register 111

Was bekomme ich für mein Geld? 112

AUFTAKT

Entdecken Sie Capri!

*Verfallen Sie dem Zauber der Insel,
und träumen Sie an poetischen Buchten*

Kaum hat man den Fuß auf die Fähre gesetzt und Neapel allmählich hinter sich gelassen, fängt man schon mit dem Träumen an. Es macht dann auch nichts mehr aus, wenn man an Bord, mit anderen Touristen zusammengepfercht, geschaukelt und geschubst wird. Schließlich ist man ja bald auf Capri, der so oft besungenen Zauberinsel. Schon taucht ihre schwach umrissene Silhouette – einer liegenden Henry-Moore-Skulptur nicht unähnlich – im Glanz der Sonne auf. Vor pastellfarbenen Häuserfassaden legt das Schiff an und in Capris malerischem Hafen *Marina Grande* geht man an Land.

Die grandios-gewaltige Natur, so geballt auf dieser kaum elf Quadratkilometer großen Insel, übt auf die meisten Besucher eine magische Anziehungskraft aus. Es ist ein faszinierender Schaukelzustand der Seele zwischen Spannung und Entspannung. Der Dichter Rainer Maria Rilke hielt es sogar am Ende hier nicht mehr aus: »Zu viel Berge auf zu engem Raum«, seufzte er, emotionsgeladen. Doch er gehört zu den seltenen Ausnahmen. Für Iwan Turgenjew, den russischen Dichter, war Capri »ein Tempel der Göttin Natur« oder kurzum »die Inkarnation der Schönheit«. Nicht ohne Grund tauschte der römische Kaiser Augustus Ischia gegen Capri ein. Die Überlieferung bewahrte eine vielsagende Legende: An der Landungsstelle, wo Augustus zum ersten Mal seinen Fuß auf den Boden der Insel setzte, sei gleich eine verdorrte Eiche wieder aufgelebt und habe zu grünen begonnen. Kaiser Tiberius, sein Nachfolger, verlegte sogar seine Residenz von Rom auf die Insel und regierte von dort aus bis zu seinem Tod. Die Geschichtsschreiber Sueton und Tacitus ließen kein gutes Haar an diesem elfjährigen Capri-Aufenthalt. Sie vererbten ihre Antipathien und die Legende von den Ausschweifungen des Kaisers auch an ihre Zunftkollegen der späteren Jahrhunderte. Die Capresen aber hielten das Andenken ihres mit dem volkstümlichen Kosenamen »Timberio« bedachten ehemaligen Herrschers stets in hohen Ehren. Davon zeugt die Gedenktafel über dem alten Stadttor Capris am Vorplatz der Standseilbahnstation.

Marina Grande. Hier legen die Schiffe vom Festland an

Geschichtstabelle

Steinzeitende/Frühe Bronzezeit
Prähistorische Menschen in der Grotta delle Felci

7.–6. Jh. v. Chr.
Erste griechische Kolonisierung der Insel

5. Jh. v. Chr.
Die Griechen bauen die Phönizische Treppe

328 v. Chr.
Capri wird römisch unter Schirmherrschaft von Neapel

29 v. Chr.
Kaiser Augustus erwirbt Capri von Neapel im Tausch gegen Ischia

26–37 n. Chr.
Kaiser Tiberius regiert das Römische Weltreich von der Insel Capri aus

Um 589
Gründung des Benediktinerklosters S. Vito/S. Sofia

715
Capri wird Kircheneigentum und Sorrent unterstellt

866
Frankenkönig Ludwig II. schenkt Capri dem Herzogtum Amalfi

1032–1052
Langobardische Herrschaft

1131–1133
Aufstand der Amalfitaner, Belagerung Capris vom Meer her

1137 und 1191
Normannenfürst Roger I. erobert Amalfi und Capri. Dann folgen die Staufer

1266
Capri kommt unter sizilianische Anjou-Herrschaft

1286–99
Aragonier regieren Capri von Sizilien aus

1299
Rückkehr des Hauses Anjou

1441
Alfons I. von Aragon erobert Capri

1519
Beginn der Pirateneinfälle

1734
Neapel wird Hauptstadt des bourbonischen Königreichs

1806
Franzosen, dann Engländer besetzen Capri

24. September 1808
Napoleons Schwager Murat, von ihm als König von Neapel eingesetzt, erobert Capri

1815
Wiederherstellung der Bourbonen-Herrschaft durch den Wiener Kongress. Unteritalien wird Teil des Königreiches beider Sizilien

1861
Das Königreich Neapel wird – samt Capri – Teil des vereinten Italiens

9. September 1944
Englische Truppen besetzen Capri

1956
Bau des Sessellifts auf den Monte Solaro

AUFTAKT

Der auf dem Friedhof von Capri ruhende amerikanische Wissenschaftler Thomas Spencer Jerome (1854–1914) brachte aus Michigan sein leidenschaftliches Interesse für die römische Geschichte nach Italien mit. Er widmete sich mit nicht nachlassender Hingabe der Tiberius-Forschung. Ihm verdankt die Insel die späte »Rehabilitierung« des Kaisers. In Stein gemeißelt wurde diese neue Geschichtserkenntnis in Jeromes lateinischem Lobspruch (1912) auf Tiberius festgehalten, gefolgt von der dankbaren Anerkennung seiner Verdienste seitens der Gemeinde (1985).

Capri geriet im 11. Jh. vorübergehend in langobardische, dann in normannische Hand. Im 13. Jh. bemächtigten sich seiner erst die in Neapel herrschenden Anjou, gefolgt von den Aragoniern. Im 16. und 17. Jh. sorgten Sarazeneneinfälle für Angst und Aufruhr in der Bevölkerung. Erst unter der Bourbonen-Herrschaft (18. Jh.) begann für die Einheimischen eine Periode des relativen Friedens und Wohlstandes. Zu Anfang des 19. Jhs. rissen sich abwechselnd mal die Franzosen, mal die Engländer die Insel unter den Nagel. Wie der französische General Lamarque im September 1808 Hudson Lowe, Capris englischen Gouverneur (den späteren Bewacher des auf Sankt Helena verbannten Napoleon), überlistete, ist nirgendwo spannender und unterhaltsamer geschildert als in den Capri-Notizen des beliebten Schriftstellers Alexandre Dumas aus dem Jahr 1835. Nach Napoleons Sturz gehörte Capri wieder zum Königreich Neapel, bis die Stunde der italienischen Einheit schlug.

Jean Jacques Bouchard, ein französischer Abenteurer, war der erste Inselbesucher, der 1632 seine Eindrücke auf Papier festhielt. Capri zählte zu dieser Zeit nur etwa 700 Einwohner und 150 Häuser. Bouchard war zwar bei den Kartäusermönchen zu Gast, doch dieser Umstand hielt ihn nicht davon ab, nach den »besonders schönen Frauen und Jünglingen« Capris Ausschau zu halten.

Goethe betrat am 16. Mai 1787, als sein Schiff vorbeisegelte, nicht den Boden Capris, hätte aber an jenem Abend an dessen Felsen um ein Haar Schiffbruch erlitten. Er war heilfroh, als er – aus Sizilien wieder zum Festland unterwegs – endlich die »gefährliche Felseninsel« hinter sich hatte!

Ironie des Schicksals, dass es ein vergleichsweise unbekannter deutscher Schriftsteller war, der – zwischen 1827 und 1838 – Capri schlagartig zu Weltruhm verhalf: August Kopisch, der offizielle Entdecker der Blauen Grotte. Zum Ruhm der Insel trug auch maßgebend der 1856 erschienene Bestseller »Capri – eine Einsiedelei« von Ferdinand Gregorovius bei. In Literatenkreisen wurde es mit einem Mal schick, nach Capri zu reisen. Der Deutschen Bildungs- und Wanderlust nahm kein Ende. Kaum ein Künstler, der nicht mindestens auf eine Stippvisite kam. Viele ließen sich gleich ganz nieder: darunter vor allem ausgeprägte Individualisten, Emigranten, Exzentriker, auch Homosexuelle. Capri hat sie alle in seinen toleranten Schoß aufgenommen. Leben und leben lassen: auf der Insel ein ungeschriebenes Gesetz – gestern wie heute.

Das Haus des Malers C.W. Allers wurde um die Wende zum 20. Jh. Treffpunkt von »Klein Deutschland«. Dort konnte man ungestört kegeln und sogar echte Rollmöpse und rote Grütze kosten. 1904 besuchte Kaiser Wilhelm II. seine auf Capri weilende Cousine, Kronprinzessin Viktoria von Schweden. Neben den vielen Capri-Sonderlingen seien hier zwei Eigenbrötler erwähnt: ein gewisser unbekannter Herr Kluck, der täglich seine Lebensphilosophie auf Zetteln aufschrieb und sie dann vom Belvedere della Migliara in den Wind verstreute – sowie der französische Dichter und Dandy Jacques d'Adelsward Fersen. Letzterer widmete seine unweit der Ruinen des Tiberius-Palasts erbaute Fin-de-siècle-Villa der Jeunesse d'amour (Jugend der Liebe). Auf der vergeblichen Suche nach der verlorenen Schönheit schüttete im Jahr 1923 der 44-Jährige, in einen seidenen Sarong gehüllt, fünf Gramm Kokain in sein Champagnerglas. Eine tödliche Dosis. »Man muss gehen, bevor der Traum aufhört.« 20 Jahre hatte der Traum mit Nino, dem geliebten Zeitungsjungen aus Rom, in den mosaikverzierten Räumen gedauert. Heute wächst in dem ehemaligen »Opiumzimmer«, wo orgiastische Feste gefeiert wurden, das Gras. Außer der monumentalen Prachttreppe mit ihrem schmiedeeisernen, durch Weinranken gezierten Geländer, die in die Wohnräume im ersten Stock führte, ist oben nur noch der Kachelboden erhalten geblieben. Zu dessen Blumenmotiven gesellen sich die bunten Schmetterlinge, die die noch vorhandene Fayence-Einrichtung der Toilette mit ihrem sanften Flügelschlag beleben: Capri-Luxus in zweiter Potenz! Pläne, die Ruine als Kulturzentrum zu neuem Leben zu erwecken, sind gescheitert. Die neuen Eigentümer des bisher vernachlässigten Privatbesitzes werden die weiteren Geschicke des verriegelten Grundstücks bestimmen. Die Hauptfassade ist vorerst restauriert worden. Keine Spur einer Pflege des einmalig gelegenen, verwilderten Gartens am Bergabhang. Unverändert geblieben ist jedenfalls der unvergleichlich schöne Blick auf die ganze sonnenbestrahlte Bucht von Neapel bis hin zur Halbinsel von Sorrent. Träumen kann man dort, verloren in den Erinnerungen einer wenn auch nicht glorreichen, so doch legendenumwobenen Vergangenheit, die nostalgisch die eigene Jugend heraufbeschwört.

Weniger nostalgisch sind die Gedanken und Gefühle, die im Besucher der Augustus-Gärten aufkommen, wenn er sich statt dem Meer dem Lenin-Denkmal des italienischen Bildhauers Giacomo Manzù (1908–91) zuwendet. Als Boris Nikolajewitsch Ponomarjoff – für internationale Beziehungen zuständiger Parteibonze in der Sowjetunion – 1963 eine Delegation der KPdSU zu einer Tagung nach Neapel führte, zeigte man ihm auch dieses zum Wallfahrtsziel der Russen avancierte Monument. Ob es ihm gefiel, hat sein Begleiter Massimo Caprara, der damalige Sekretär des

AUFTAKT

KPI-Chefs Palmiro Togliatti, nie erfahren. Empört schleuderte Ponomarjoff diesem (der Autorin bekannten) Journalisten nur den Vorwurf entgegen, es gebe am Denkmal keine bewaffneten Wachtposten in Haltung. »Um es zu verteidigen?« fragte Caprara. Kühl kam die Antwort: »Um ihm die Ehre zu erweisen.«

Als Lenin im April 1908 Gorki und die um den Schriftsteller versammelte russische Emigrantenkolonie auf Capri aufsuchte, spielte er mit seinem Widersacher in der Revolutionsbewegung Bogdanoff nicht nur leidenschaftlich Schach. Es wurde auch heftig diskutiert. Zur Zeit des Kampfs zwischen den Anhängern Lenins und Bogdanoffs entstand auf Capri für russische Arbeiter die erste »Parteiuniversität«, wie Lunatscharski – der spätere Volkskommissar fürs Bildungswesen – die Agitationsschule nannte. Seine Einladung zur Gastprofessur lehnte Rosa Luxemburg seinerzeit mit einer diplomatischen Ausrede ab, um nicht in den Strudel der Auseinandersetzungen zwischen den Parteirichtungen zu geraten. Es lässt sich nicht leugnen, dass in Capris Revolutionsküche schon mächtig die Suppe brodelte, die einige Jahre später ganz Russland auslöffeln musste. Beim Lesen der französischen Inschrift an einer Wand in Munthes Villa San Michele in Anacapri (»Oser, vouloir, savoir, se taire« – Wagen, wollen, wissen, schweigen) sollte man aber nicht unbedingt einen Bezug zu Lenin herstellen.

Auf Capri kreuzte sich 1924 der Weg des Schriftstellers Walter Benjamin, der zu jener Zeit an seinem Werk »Ursprung des deutschen Trauerspiels« arbeitete, mit jenem der aus Lettland stammenden und auch in Deutschland tätigen Revolutionärin und Regisseurin Asja Lacis. Ihr Einfluss bewirkte, dass Benjamin auf seine damals geplante Emigration nach Palästina, zu seinem Freund Gershom Scholem, verzichtete. Viele Jahre später zeigte sich, dass damit sein Schicksal besiegelt war: Benjamin nahm sich 1940 auf der Flucht vor der Gestapo in Port Bou das Leben.

Der Futuristenpapst Tommaso Marinetti und seine künstlerisch ebenfalls engagierte Frau Benedetta verbrachten regelmäßig den Sommer auf Capri. So wurde die Insel auch zu einem Zentrum seiner Kunstbewegung. In Marinettis Haus verkehrten aber auch mit dem Futurismus sympathisierende Größen von Musik und Ballett wie Strawinsky und Diaghilew. Weniger bekannt ist eine neapolitanische Gruppe futuristischer Maler, die sich Cir-

Auf den Spuren von Kaiser Tiberius: die Ruinen seiner Villa

cumvisionisten nannten. Deren erste Ausstellung organisierte und eröffnete Marinetti im August 1928 auf Capri. Und wen konnte man unter den zahlreichen Zuschauern im Saal erblicken? Neben dem Komponisten Ottorino Respighi saß ein der modernen Kunst nicht abgeneigter Deutscher: Thomas Mann. Die erste Futuristen-»Invasion« auf Capri erfolgte schon 1922, als der damalige Bürgermeister Edwin Cerio unter der tatkräftigen Mitwirkung von Marinetti die erste »Umweltschutztagung« – zur Bewahrung der von der Bauspekulation bedrohten Insellandschaft – ins Leben rief.

Nicht unerwähnt bleiben sollten auch zwei miteinander verwandte Journalisten und Schriftsteller, beide in Triest geboren und gleichermaßen in den deutschen und den italienischen Kulturkreis eingebunden, deren freundschaftliche Beziehung um 1920 herum Capri als gemeinsame Basis hatte. Der visionäre Expressionist Theodor Däubler wurde durch sein Nördliches mit Mediterranem verknüpfendes Epos »Das Nordlicht« bekannt. George Grosz karikierte ihn bissig als den »großen Antidadaisten« in der Zeitschrift »Der dada«. Italo Tavolato versuchte seinem österreichischen Vorbild Karl Kraus nachzueifern, doch seine Monatszeitschrift »Eros« kam über die erste Nummer nicht hinaus. Tavolato war in den 20er Jahren Mitarbeiter der politisch-kulturellen Wochenschrift »Roland« aus dem gleichnamigen Berliner Verlag.

Nicht ohne Interesse sind die deutschen Beziehungen des einzigen bedeutenden Malers, den Capri hervorgebracht hat: Raffaele Castello. Für seine Ausbildung erwies sich von erstrangiger Bedeutung seine Aufnahme in den Künstlerkreis um Otto Sohn-Rethel, der selbst Maler und Mäzen, Sammler und Botaniker war und in Anacapri lebte. Die Maler in seiner Familie spielten eine wichtige Rolle in der sogenannten Düsseldorfer Schule. Auf Otto Sohn-Rethels Empfehlung kam Castello nach Düsseldorf, wo er an der Akademie der Schönen Künste Schüler von Paul Klee wurde und mit dessen Hilfe dort und in Köln seine ersten Ausstellungen hatte. So kam er später auch in Kontakt mit anderen namhaften Künstlern, wie Lyonel Feininger, Laszlo Moholy-Nagy, Walter Gropius und Piet Mondrian.

Wenn wir schon bei der modernen Malerei sind: Der Name Peggy Guggenheim ist mit ihr untrennbar verbunden. Denken Sie nur an die Sammlungen in den Guggenheim-Museen von New York und Venedig! Capri kommt als »idealer Ort« für die Flitterwochen einer ihrer Ehen ins Spiel, wie sie in ihren Lebenserinnerungen erzählt. »Capri ist wie eine verzauberte Insel: Bist du einmal dort, kommst du sehr schwer wieder von ihr los.«

Pablo Neruda, der chilenische Dichter und Nobelpreisträger, kam als Gast Edwin Cerios – ein Schutzengel vieler Künstler – nach Capri und verewigte die Schönheit dieser »verzauberten Insel« in manchem begeisterten Gedicht. Bevor man vom Hotel Punta Tragara die vielen Stufen zur Faraglioni-Bucht hinuntersteigt, kann man seine Kräfte auf

AUFTAKT

Gut zu wissen

1. Für Autos, die eine Genehmigung haben, auf Capri zu landen, gilt im Sommer, bis Ende September, ein Ausschiffungsverbot zwischen 9 und 17 Uhr.

2. Wegen Steinschlaggefahr hat die Seebehörde an einigen Stellen der Inselküste Badeverbot verfügt. Wo die Warnschilder mit der Aufschrift »Caduta Massi« angebracht sind, ist es ratsam, sich mit dem Boot dem Felsenufer nicht zu nähern, sondern einen Sicherheitsabstand einzuhalten.

3. Es ist strikt untersagt, sich im Ortsgebiet, insbesondere aber in den öffentlichen Verkehrsmitteln, mit nacktem Oberkörper oder im Badekostüm aufzuhalten.

4. Ebenfalls verboten ist es, Radio, Plattenspieler oder Kassettenrecorder unter freiem Himmel einzusetzen, das persönliche Rundfunkgerät beim Spaziergang, Picknick oder Ausflug laut dröhnen zu lassen.

5. Den störenden Menschenauflauf vor Geschäften in den engen Gassen von Capri und das Hocken auf den Treppen der Piazzetta hat der Bürgermeister neuerdings ebenfalls mit einem Bann belegt. Dafür sind die Stufen mit Blumentöpfen reichlich dekoriert. »Circolare« (Weitergehen!) heißt das Zauberwort, mit dem die Stadtpolizei versucht, der Lage Herr zu werden und die Massenansammlungen des Eintagsfliegentourismus in Bewegung zu setzen.

Nicht zu leugnen: Auf Capri gibt man sich redlich Mühe, mit Hilfe von akzeptablen Vorschriften ein zivilisiertes Niveau an Geschmack, Hygiene, Ruhe und Sauberkeit aufrechtzuerhalten. Noblesse oblige: Umweltschutz statt Umweltschmutz – für die Erholung von Körper und Seele!

einer Bank sammeln, über der eine Tafel in den Felsen eingelassen ist. Darauf steht im spanischen Originaltext eine dieser Liebeserklärungen an Capri: »Capri, Felsenkönigin, in deinem Gewand, lilien- und amarantenfarben, lebte ich, das Glück vermehrend ...« Am Hotel selbst sind zwei Erinnerungstafeln angebracht: eine mit Versen der italienischen Dichterin Ada Negri; sie besang 1923 die dort prangende Natur. Der andere Text belehrt uns, dass der Hotelbau nach Plänen des berühmten französischen Architekten Le Corbusier entstanden ist und dass dort während des letzten Krieges die alliierte Kommandantur untergebracht war. General Eisenhower und Winston Churchill gehörten damals zu den Besuchern.

Die vielen hinterlassenen Visitenkarten all jener Persönlichkeiten, die in 45 Jahren, bis 1933, Capri besuchten und beim Schriftsteller Norman Douglas, dem Capri-Kenner schlechthin, ein und aus gingen, gaben genug Material her für sein anekdotenreiches Buch »Looking Back«: eine gute Ergänzung zu seinem erfolgreichen Schlüsselroman »South Wind«, in dem sich viele Prominente der skandalumwitterten Gesellschaft von Capri wieder erkennen konnten. Das letzte Buch, das Douglas unter dem Pseudonym Pilaff Bey in seinem Todesjahr 1952 veröffentlichen ließ, erlebte 1995 in italienischer Übersetzung eine Neuauflage beim Capreser Verlag La Conchiglia. Graham Greenes Vorwort passt im Ton genau zum verschmitzten Lächeln des Autors, der seine aphrodisischen Rezepte unter dem Titel »Venus in der Küche – Das Buch der erotischen Kochkunst« nach 16-jährigem Zögern augenzwinkernd dem Publikum preisgegeben hatte.

Der Besucherstrom auf Capri reißt auch heute nicht ab. Es gibt regelrechte Capri-Habitués, die alljährlich wiederkehren. Vielleicht auch, weil es ein Mikrokosmos für sich ist, der sich »um die große Welt nicht schert...« – wie es Monika Mann, die Tochter des Schriftstellers Thomas Mann, so treffend ausdrückte. Auf Capri lebt und atmet man auf – stilvoller als anderswo. Auch wenn man tagsüber oft vom Heuschreckenschwarm der Eintagstouristen geplagt wird und die Eselskarren der Vergangenheit angehören. (Wie schade: Deren Tarif war nicht höher als 2 Lire, aber damals, 1913, noch Gold-Lire!)

Die Spazier- und Wanderwege auf Capri verführen selbst Faulenzer. Sie sind in eine malerische Naturlandschaft eingebettet, bieten gleichermaßen wildromantische und poetisch-stimmungsvolle Ausblicke. Blumen und Blüten, so weit das Auge reicht, singende Vögel, zerklüftete Felsen, rauschende Wellen. Von nirgendwo kann man die-

Ferro da stiro, »Bügeleisen«: die originelle Villa des exzentrischen Schriftstellers Curzio Malaparte kann leider nur von außen besichtigt werden

AUFTAKT

Aus Capris Liebeskästchen geplaudert

Zur Magie der Insel gehört nicht nur die Natur. Auch die einheimischen Männer becircen. Viele heute mit Capresen verheiratete Ausländerinnen können ein Lied davon singen. Sie kamen für einige Urlaubstage und blieben fürs ganze Leben: Die Berlinerin Gerti und die Schottin Phillis verfielen dem Charme zweier Restaurantbesitzer, Helga heiratete einen Hotelier, die Düsseldorferin Elisabeth ist seit etwa 50 Jahren mit einem Geiger glücklich verheiratet. Eine weitere Deutsche schloss den Bund fürs Leben mit einem tüchtigen Klempner, die gebildete Südafrikanerin Antigone mit einem Fischer, eine Norwegerin mit einem Tischler und eine Finnin mit einem Schuhmacher. Apropos Skandinavien: Der Sohn eines Keramikers gab auch einer Finnin das Jawort. Ihr zuliebe zog er sogar für immer in den kühlen Norden.

sen Reichtum der Natur in einer noch überwältigenderen Fülle und Harmonie erleben als von der Punta Massullo, dem ins Meer hinausragenden Felsenvorsprung, auf den der Schriftsteller Curzio Malaparte – mit seinen erfolgreichen Kriegsromanen auch in Deutschland namhaft geworden – die Villa seiner Phantasiebilder bauen ließ. Allerdings brachte deren Verwirklichung, mit den ständigen Planveränderungen seitens des Bauherrn, den berühmten Architekten Adalberto Libera zur Verzweiflung. Auch hierin entspricht das Haus dem wechselvollen Künstlerwesen von Malaparte. Er sagte: »Mein Haus: mein Wesen.« Kein Architekt, sondern der Maler Orfeo Tamburi entwarf das geschwungene weiße Segel, das – auf der Dachterrasse dem Wind ausgesetzt – aus Mauerwerk hochgezogen wurde. Als General Rommel die Villa besuchte, stellte er Malaparte die indiskretpersönliche, naiv-treuherzige Frage, ob er das Haus bereits »so« vorgefunden habe. Mit beißender Ironie kam darauf die Antwort des Schriftstellers, wie er es in »Die Haut« erzählt: »Das Haus kaufte ich schon im fertigen Zustand. Entworfen habe ich die Landschaft.« Mit einer ausladenden Handbewegung zeigte Malaparte dabei auf die steile Felsenwand von Matromania, die drei gigantischen Klippen der Faraglioni, die Halbinsel von Sorrent und die in der Ferne goldig aufschimmernde Küstenlinie bei Paestum.

Damit das Wandern auf der Insel wirklich zum Vergnügen wird, hier ein paar Ratschläge: Wählen Sie die kühleren Morgen- oder Spätnachmittagsstunden; starten Sie nicht mit nüchternem Magen und nehmen Sie etwas Trinkwasser mit; ziehen Sie rutschfestes Schuhwerk mit starken Gummisohlen an (zur Not genügen auch gute Joggingschuhe).

Denkt man an ein Hotel auf Capri, fällt einem zuallererst der patinierte Name des Nobelhotels Quisisana ein: seit über einem Jahrhundert international berühmter VIP-Treffpunkt. Doch Capri bietet nicht nur

Grandhotels für die oberen Zehntausend. Unter den 60 auf der Insel verstreuten Herbergen (50 in Capri, zehn in Anacapri) gibt es viele kleinere Familien- und Kuschelhotels, in denen sich der Gast wohl fühlen kann. Die alljährlich zahlreich wiederkehrenden Stammgäste sind der beste Beweis dafür. Die Hoteliers, seit eh und je auf ausländische Feriengäste eingestellt, bemühen sich auch redlich, ihr positives Image aufrechtzuerhalten. Das merkt man an den fortwährenden Zimmerrenovierungen und an einer einfühlsamen, aufmerksamen Betreuung der Gäste. Man weiß, welches »Kapital« man in Händen hat. Und man tut im Allgemeinen auch alles, um es wertmäßig zu erhöhen. Schließlich schläft ja die Konkurrenz nicht, und dieses Bewusstsein kommt den Besuchern letztlich nur zugute. Wählen Sie für einen angenehmen, unbeschwerten Capri-Urlaub nach Möglichkeit eher die Vor- oder Nachsaisonmonate. Juni und September sind klimatisch am günstigsten, und das Personal ist dann auch nicht so überfordert wie im Juli oder August. Bedenken Sie bei der Auswahl Ihres Hotels auch, wo es liegt. Vom Ort Capri aus kann man die Badebuchten nur zu Fuß oder mit dem Bus erreichen. Das ist etwas zeit- und kraftraubend. Wenn man, andererseits, etwa unten an der Marina Grande wohnt, ist wiederum der Ortskern nicht gerade um die Ecke, auch wenn Seilbahn oder Bus eine gute Verbindung sichern. Wer sich in Anacapri einrichtet, ist auf Busse oder Taxen angewiesen, wenn er abends in Capri ausgehen will. Dafür ist aber Anacapri im Durchschnitt wesentlich preiswerter.

Es gibt auch die Möglichkeit, in Privatvillen zu wohnen. Auskünfte und Hilfe gibt gern die örtliche Touristeninformation. Das Zelten ist auf Capri überall verboten.

Capris rauschende Feste und Cocktails finden traditionsgemäß meist in den Privatvillen, d. h. hinter verschlossenen Türen statt. Oder man feiert und genießt zu zweit im stillen Kämmerlein; jeder auf seine Art. Gerade auf Capri erlebt man seine nächtlichen Sternstunden eher inmitten der atemberaubenden Natur, bei Mondschein, als in einer schummrigen Disko. Konzerte klassischer Musik finden in der Sommersaison gelegentlich im Garten Giardino della Flora Caprese (hinter dem Hotel La Palma) oder in der Kartause San Giacomo statt.

Pianobars und Tavernen laden zur späten Stunde – selten vor Mitternacht geöffnet – die unermüdlichen Nachteulen zum Tanzen oder Träumen ein. Die Jugend Capris trifft man in den Lokalen auch an. Vielleicht lassen sich die Charakterzüge der Einheimischen aber am besten von den sonnengegerbten Profilen der älteren Generation ablesen. Diese hat zwar wesentlich durch ihre Anpassungsfähigkeit zur Entwicklung des wirtschaftlichen Wohlstands infolge des Touristenbooms beigetragen, jedoch die Tradition der Ahnen, die einfache Fischer und Bauern waren, bewahrt. Aus den Profilen mögen manche gern auf die Abstammung schließen, und so hört man häufig, die Leute von Capri seien römischen, die

AUFTAKT

aus Anacapri griechischen Ursprungs. Ob der fast sprichwörtliche Antagonismus zwischen den Einwohnern beider Ortschaften noch aus der Antike herrührt? Dies mag dahingestellt bleiben, Tatsache ist aber, dass alle Bewohner der Insel wie Pech und Schwefel zusammenhalten, wenn es darum geht, sich gegenüber den »Festländlern« aus Neapel zu behaupten.

Nach Capri kommt man nicht nur des Sonnens und des Badens wegen. Das kaum definierbare »gewisse Etwas«, das in der Luft Capris und im Herzen seiner Bewohner liegt, verzaubert nicht nur die zart besaiteten Gemüter. Wer die Inspiration im fröhlichen Treiben sucht, kann zu jeder Tageszeit auf der Piazzetta – dem Salon Capris – aus dem Vollen schöpfen. Tratsch und Trubel, eine improvisierte Commedia dell'arte, wo jeder Zuschauer ungewollt zum Schauspieler wird. Besonders anregend ist dieses Milieu beim Aperitif in der Abenddämmerung, wenn alle Reisegruppen längst wieder in Richtung Neapel abgefahren sind.

»Neapel sehen und dann sterben« lautet der berühmte italienische Spruch. Mag sein. In Capri dreht man den Spieß allerdings lieber um: *Vedi Capri e poi vivi!* – »Capri sehen und dann aufleben!«

Den schönsten Blick auf Capri genießt man vom Monte Salerno:
Hier liegt dem Betrachter die ganze Insel zu Füßen

STICHWORTE

Von Caprese bis Prominenz

Alles, was mit Capri zu tun hat.
Eine Insel für Schriftsteller, Künstler und Individualisten

Caprese
Die Bezeichnung für alles, was von, auf und à la Capri ist: Das aus dem Inselnamen gebildete Wort hat sich nicht nur durch die Bewohner, sondern besonders durch kulinarische Spezialitäten (zum Beispiel Mozzarella-Tomaten-Salat oder Torte) bekannt gemacht.

Capromania
Nach dem Vorbild »Matromania« (auch »Matermania« genannt – dort liegt die archäologisch bedeutsame Grotte mit den Resten eines römischen Nymphäums) gebildetes Verballhornungswort. Jeder kann erraten, was es bedeutet: die manisch nicht depressive, sondern progressive Vernarrtheit in Capris zauberhafte Schönheit. Sie führt unheilbar zur chronischen Verbundenheit mit der Insel, kann aber auch periodisch – wie die Malaria – in Stößen auftreten: Entweder bleibt der davon Befallene bis zu seinem Lebensende auf Capri, ohne die Insel je zu verlassen, oder er kehrt für die Urlaubszeit Jahr für Jahr dorthin zurück. Es gibt kein wirksames Heilmittel. Den einzigen bekannten Ausnahmefall bildet jener von Monika Mann, der Tochter des berühmten Schriftstellers Thomas Mann, die nach dem Tod ihres geliebten Lebensgefährten, des Capri-Fischers Antonio, das Alleinbleiben auf der Insel nicht mehr ertragen konnte. Dafür reicht aber die Erklärung, dass für sie Antonio die Verkörperung des Capri-Glücks gewesen war.

Carmelina
»La bella Carmelina«, diese Bezeichnung wurde in die Sprachen aller Capri-Gäste übersetzt. Das Mädchen bescheidenen Ursprungs wurde durch seine spektakuläre Schönheit und bühnenreife Tanzbegabung schon zu Lebzeiten zur legendären Figur. Viele Stammgäste der kleinen Taverne Da Augusto a Tiberio suchten bei ihr nach Verständnis, Trost und Inspiration. Der Schriftsteller Norman Douglas, ihr vertrauter Freund, gehörte zu

Alles, was mit Capri zu tun hat, in naiver Malerei festgehalten

ihnen, aber auch Bismarck, Kaiser Wilhelm II., Krupp, Gorki und D'Annunzio waren Bewunderer ihrer Kunst, ebenso wie Rockefeller. Sie hatte eine besondere Beziehung zu den Geistern und fühlte sich eng jenem des Kaisers Tiberius verbunden, als dessen Abkömmling sie sich betrachtete. Alt geworden und unverstanden von den Besuchern in der Nachkriegszeit, beendete sie ihr einst strahlendes Leben mit einem Sprung vom Balkon, als hätte Tiberius sie von den Felsen in die Tiefe gestoßen. Auf dem Weg zur Tiberius-Villa, die ihr sozusagen zur Heimstätte wurde, erinnert eine Gedenktafel an die unvergessene Capri-Gestalt.

Cerio

Ein Familienname, der auf Capri Symbolwert hat. Die 1997 verstorbene Malerin Letizia Cerio war die Enkelin des Ignazio Cerio, einer legendären Gestalt der Inselgeschichte. Seinen Namen trägt heute die Stadtbibliothek auf dem gleichnamigen Plätzchen. Sein Sohn Edwin gehörte der internationalen Intellektuellengemeinde als Sponsor und Gesprächspartner vieler Literaten an. Jahrelang war er Bürgermeister von Capri und sozusagen Schutzpatron der dort lebenden Künstler-Boheme. Auch er nahm gern die Feder in die Hand. So ist unter anderem sein Werk über Capris Flora heute noch von Bedeutung. Die Cerios besaßen damals einen beachtlichen Teil der besonders schön gelegenen Villen auf Capri. Nach dem Tod der Brüder Edwin, Arturo und Giorgio ist allerdings nicht mehr viel von dem großen Familienvermögen übrig geblieben. In zweiter Ehe hatte Edwin Cerio die Enkelin des deutschen Philosophen August Weber, Claretta, geheiratet.

Deutsche Prominenz auf Capri

Die Reihe der deutschsprachigen Kulturschaffenden könnte mit Schinkel und Gregorovius beginnen, mit Mommsen und Kopisch fortgesetzt werden, um auch Walter Benjamin und den bahnbrechenden Wissenschaftler Emil von Behring nicht zu vergessen. Dass die russischen Revolutionäre sich gelegentlich mit Hoheiten aus dem Haus Hohenzollern treffen konnten, ist ein Capri-Kuriosum. Friedrich Alfred Krupp verewigte auf der Insel seinen Namen sogar mit einer idyllischen Straße. Ob der um ihn entfachte Skandal um Männerfreundschaften, der so viel Staub aufwirbelte, nur ein erpresserisches Journalistenmanöver war oder auch ein Körnchen Wahrheit dahintersteckte, haben auch die Historiker nicht richtig eruieren können.

Dichtung auf Capri

...uraltes Wehn vom Meer,
welches weht
nur wie für Ur-Gestein,
lauter Raum
reißend von weit herein...
O wie fühlt dich ein
treibender Feigenbaum
oben im Mondschein

Kaum einer hat schönere Verse auf und über Capri gedichtet als Rainer Maria Rilke – so wie in diesem »Lied vom Meer« (1907, im »Rosenhäusl« der Villa Discopoli, Via Tragara 2). Die internationale Liste der Schriftsteller und Dichter, deren Namen mit

STICHWORTE

Capri verbunden sind, ist schier endlos.

Unter den Deutschsprachigen seien hier nur Gerhart Hauptmann, Franz Werfel, Bertolt Brecht, Thomas Mann und Ingeborg Bachmann erwähnt; die Russen von Turgenjew über Bunin bis Gorki; Italiener wie Malaparte und Moravia; aus dem englischen Sprachraum seien D.H. Lawrence, F. Compton Mackenzie, Joseph Conrad, Norman Douglas und Graham Greene hervorgehoben; Axel Munthe und Pavel Kohout gehören ebenfalls zu den populären Autoren.

Duft
Ein betörender Duft schwebt in Capris Luft, überall und zu jeder Jahreszeit; mag er von den blühenden Pflanzen, von den eleganten Damen – oder von den Küchenherden kommen. Die Verbindung stellen die von einheimischen Produzenten auf Fläschchen gezogenen bzw. in Töpfchen versiegelten Parfums, Liköre und Gewürze her. Bezaubernd, becircend und betäubend sind sie immerdar.

Ent- und Bevölkerung
1656 blieben nach der Pestepidemie 405 Menschen am Leben. Gesamtbevölkerung heute: rund 12 700 (7450 in Capri, 5250 in Anacapri; das Verhältnis im Jahr 1950: 6209 zu 3083). Anacapri ist im Vormarsch!

Faraglioni
Mit den ägyptischen Pharaonen haben die Faraglioni nichts Gemeinsames – selbst die dort lebende blaue Eidechse ist viel hübscher und farblich dekorativer ist als deren schillernder heiliger Skarabäus. Das Wort bedeutet auf italienisch »Meeresklippen« oder »Felsen« (in der Mehrzahl, da sie bei Capri bevorzugt in Gruppen auftreten). Drei auffallend eindrucksvolle Exemplare darunter sind zum Wahrzeichen avanciert.

Faraglioni, Capris Wahrzeichen

Farben – Flora – Fauna
Das Unbeschreibliche in Worten wiederzugeben sollte man eigentlich nicht versuchen. Dennoch kann die Capri-Faszination, für »Augen, die sehen«, nicht unerwähnt bleiben: das Azurblau des Himmels, alle grünvioletten Tönungen des Regenbogens auf dem Meeresspiegel, die bunte Farbpracht der blühenden Blumen, Sträucher und Bäume der Mittelmeerflora, alle Grünvarianten der Pinien, Kiefern, Zypressen, Araukarien, Oliven-, Feigen-, Johannisbrotbäume, Palmen, Kakteen, Steineichen. Klippen und Felsen wechseln von Grau bis ins Rosarote, wie Wetter und Sonne es

bestimmen. Die glühenden Purpurtöne bei Sonnenuntergang, die von weißer Wellengischt gesprenkelte, drohend dunkelgraue See bei Gewitter, Sternenhimmel und Mondsilber – alles harmoniert miteinander. In diese »Inselharmonie« fügt sich stimmungsvoll das leuchtende, bescheidene Weiß der gekalkten Häuser. Nicht zu vergessen ist die weit ausgedehnte Macchia – sie bedeckt ganze Berghänge mit wildem Lorbeer, mit Myrte und Ginster.

Dagegen ist die Tierwelt von Capri nicht besonders reich. Von den vermuteten Namensgebern der Insel sind die Eber längst der Jagd zum Opfer gefallen, Ziegen begegnet man aber noch ab und zu. Rinder und Kühe sind zu einer Seltenheit geworden. Pferde, Esel und Maultiere ersetzte man durch leise surrende Elektrokarren. Hunde und Katzen fehlen nicht; Capri-Besucher Igor Strawinsky hatte als Katzenfreund bestimmt eine angenehme Gesellschaft vor dem Eingang zum Giardino della Flora Caprese, in dem die Freilichtkonzerte stattfinden. An kreischenden und ruhig segelnden Möwen kann man sich überall in Meeres- und Felsennähe ergötzen. Auch Schwalben schwirren emsig herum. Leider wird die Bienenzucht auf der blütenreichen Insel kaum mehr betrieben. Im Allgemeinen unterscheidet sich die Fauna der Luft und des Meeres nicht von jener der übrigen Mittelmeergebiete.

Hiddigeigei

Wie kam der Kater Hiddigeigei aus der Einleitung zu Joseph Victor von Scheffels »Der Trompeter von Säckingen« als Namensgeber auf das Schild einer ehemaligen Bier- und Teestube? Trompeter und Kater kamen beide 1853 im Hotel Manfredi Pagano (heute Hotel La Palma), aus Scheffels Feder zur Welt – innerhalb von sechs Wochen. Der Riesenerfolg des Werks trieb scharenweise deutsche Leser auf die Insel, die die literarische Geburtsstätte kennen lernen wollten. Eine Bierhalle musste also her, wo bald auch Tee serviert wurde, um die russischen und englischen Gäste ebenfalls stilgerecht zufrieden zu stellen. 1924 war »Zum Kater Hiddigeigei« das Stammlokal auch von Walter Benjamin. Von dort aus berichtete er seinem Literatenkollegen Gershom Scholem brieflich über seine Begegnungen. Die treueste und kurioseste Figur unter den Besuchern war aber August Weber, der deutsche Barfußphilosoph, der aus Neapel allein auf die Insel hinüberruderte, um dann lebenslänglich deren Gefangener zu bleiben – gefesselt von ihrer Schönheit. Sein Motto des Capri-Lebens fasste er so zusammen: »Canzoni – Maccheroni – Faraglioni«. Weber wurde auch als Erfinder der Wandphilosophie und der Wandzeitung bekannt. Seine bei Hiddigeigei regelmäßig ausgehängten Lokalberichte (»Laocoon«, handschriftlich und aquarelliert) wurden leider von kaum jemandem gelesen. Heute holt sich keiner mehr seinen Kater nach einer durchzechten Nacht beim »Kater«: Wo einst Hiddigeigei in der Via Hohenzollern war, ist heute in der umbenannten Via V. Emanuele ein »Picnic Snack«. Tempora mutantur …

STICHWORTE

Homosexualität

Der Roman »L'Exilé de Capri« (1959) von Roger Peyrefitte ist die Lebensgeschichte des exzentrischen Barons Fersen. Literatur und raffinierter Geschmack verbanden sich bei diesem französischen Dandy ebenso mit der Homosexualität wie bei seinem irischen Vorbild Oscar Wilde. In der dringend renovierungsbedürftigen Fersen-Villa Lysis, deren Jugendstilfassade die Widmung »Amori et dolori sacrum« trägt, scheint noch die schwüle Atmosphäre ausgelassener Feste zwischen den vom Einsturz bedrohten Wänden zu wehen. Ob von dort der Ruf ausgegangen ist, Capri sei ein besonderer Anziehungspunkt für Homosexuelle, ist nicht nachweisbar. Tatsache ist, dass die Erwähnten beileibe nicht die einzigen Schriftsteller und Künstler waren, die auf der Insel für ihre Talente und ihre Neigungen gleicherweise ein günstiges Milieu fanden und heute noch finden.

Klima

Die einheimischen Wetterfrösche bringen das Klima auf Capri erfahrungsgemäß auf einen einfachen Nenner: Von 365 Tagen im Jahr gibt es etwa 175 Tage strahlenden Sonnenschein; 125 Tage ist es teils heiter, teils wolkig, und die restlichen 65 Tage sind bedeckt oder regnerisch. Die heißesten Monate sind unbestritten Juli und August, die kältesten Januar und Februar, die regnerischsten Dezember und Januar. Plötzliche Wetterumschläge erlebt man häufig in der zweiten Oktoberhälfte und Ende April/Anfang Mai. Die mildesten Monate sind Ende Mai/Juni und September/Anfang Oktober. Die Touristensaison beginnt eine Woche vor Ostern und endet mit der letzten Oktoberwoche. Baden kann man allgemein von Anfang Mai bis Mitte Oktober. In diesem Zeitraum liegen die Wassertemperaturen um und über 20 Grad. Abgehärtete stürzen sich auch im April oder sogar im November in die etwas kühleren Fluten! Einige Hotels (darunter das La Palma) haben auch für Wintergäste geöffnet, die zwischen November und März Capri ganz für sich allein genießen wollen.

KZ-Sonderhäftlinge auf Capri

Dank der Amerikaner war Capri Mitte 1945 für 42 ehemalige »Sonderhäftlinge« deutscher KZs die erste Station der Freiheit. Unter ihnen befanden sich auch Angehörige von Teilnehmern der Widerstandsbewegung vom 20. Juli 1944, u. a. Familienangehörige der Grafen Claus und Berthold Schenk von Stauffenberg, von Carl Friedrich Goerdeler und von Generaloberst Franz Halder. Prinz Friedrich Leopold von Preußen und die Kabarettistin Isa Vermehren waren ebenso auf Capri wie die Familie des österreichischen Bundeskanzlers Kurt Schuschnigg. Den Höhepunkt des einmonatigen Aufenthalts bildete ein Konzert zu ihren Ehren, vom einheimischen Violinisten Paolo Falco und seiner deutschen Frau in der Kartause San Giacomo veranstaltet. Eine eingerahmte Danksagung vom 3. Juni 1945 mit den Unterschriften erinnert noch heute im Restaurant La Palette des Hotels La Reginella von Paolo Falco an dieses Ereignis.

Limoncello – Limoncino
Diese beiden Namen bezeichnen eigentlich dasselbe Capri-Getränk. Wer dabei an Limonade denkt, ist nur mit einem Fuß auf dem falschen Dampfer. Der eisgekühlt zu genießende trockene Verdauungslikör wird ebenfalls aus Zitrone hergestellt und ist erquickend, regt aber durch seine 40 Prozent Alkoholgehalt nicht nur die Magensäfte, sondern auch das Gemüt an.

Maler auf Capri
Auf viele Maler übte die Insel eine magische Anziehungskraft aus. Es seien hier kurz nur die eigenwilligsten jener Künstler erwähnt, die Capri zur geistigen Heimat auserkoren haben. 1892 kam der Hamburger Zeichner Wilhelm Christian Allers – vor allem als Bismarck-Porträtist bekannt – nach Capri. Treu geben seine Stammtischszenen das Lokalkolorit im Café Zum Kater Hiddigeigei wieder. Der Exzentriker Karl Wilhelm Diefenbach – schon in München ein überzeugter Weltverbesserer und Vegetarier – landete 1900 auf der Insel. Er trug einen wallenden weißen Bart und lief nur im Apostelgewand herum. Seine Lebensphilosophie verewigte er in ganz eigenartigen Capri-Landschaften: bedrohlich-finstere, mystisch-romantische Kolossalgemälde, die heute noch in der Kartause San Giacomo zu bestaunen sind. Wer eine getreue Reproduktion seines bekannten Schattenfrieses »Per aspera ad astra« sehen (und kaufen) möchte, suche die Buchhandlung La Conchiglia auf. Seit dem Anfang des 20. Jhs. wohnte der Wiener Hans Paule 40 Jahre lang, bis zu seinem Tod, auf Capri. Auch er war ein Exzentriker: Wie Diogenes im Fass, so fühlte er sich in seinem Höhlendomizil am wohlsten und identifizierte sich völlig mit der Grottenlandschaft. Von diesem mit Rilke befreundeten Künstler hängen heute phantasiereiche Capri-Bilder und Xylographien im Pariser Louvre und in Capris Hotel La Reginella. Die Insel war in den 20er Jahren des 20. Jhs. auch ein beliebter Treffpunkt der Futuristen, die dort ihren Wortführer Filippo Tommaso Marinetti aufsuchten. Als gebürtiger Capreser soll der abstrakte Maler Raffaello Castello (1905–69) nicht unerwähnt bleiben. Seine Hauptwerke sind in den Gemäldegalerien Mailands und Roms zu sehen.

Marina Grande
Die erste Tuchfühlung (besser gesagt: Uferfühlung) mit der Insel erleben die Capris-Besucher bei ihrer Ankunft an der Marina Grande, dem belebten Hafen. Im Yachthafen daneben ankern die Segel- und Motorboote. Deshalb herrscht am Pier zumeist auch Hochbetrieb. In den Sommermonaten muss man schon etwas Geduld aufbringen, bis man sich in der schwitzenden Menge die wenigen Schritte bis zum Funicolare (der zur Piazzetta von Capri-Ort hinaufführt) durchgekämpft hat. Marina Grande war schon ein Hafen der Römer und früher besiedelt als der heutige Ort auf dem Hügel.

Marina Piccola
Die »Kleine Marina« ist in der Tat der kleine, aber auch der feinste Hauptbadeplatz Capris mit fünf gut ausgestatteten Bade-

STICHWORTE

anstalten. Marina Piccola – sehr malerisch an der Südseite der Insel gelegen – ist auch Capris vornehmstes Villenviertel. Zu Kaiser Tiberius' Zeiten benutzten die Schiffe je nach Wetterlage Marina Piccola abwechselnd mit Marina Grande als Hafen.

Musik

Die Blaue Grotte hat Felix Mendelssohn-Bartholdy zwar nicht zu einer solchen Komposition angeregt wie die schottische Grotte von Fingale, aber die Capri-Erinnerungen könnten in seiner »Italienischen Symphonie« doch mitklingen. Debussy hingegen widmete eines seiner schönsten Préludes den Hügeln von Anacapri.

Russland

Russland war auf Capri jahrzehntelang durch eine sehr eng zusammengefügte Emigrantenkolonie vertreten. Die Exilierten waren zuerst Revolutionäre, dann Flüchtlinge nach der Revolution. Im Mittelpunkt dieser Gruppen stand während seiner beiden Capri-Aufenthalte Maxim Gorki, der dort auch seinen Roman »Die Mutter« schrieb. Lenin und Lunatscharski gehörten ebenso zu den Besuchern wie Stanislawski und Schaljapin. Es gibt ein Porträt von Gorki, das der weltberühmte Bassist Fjodor Schaljapin 1911 auf Capri gezeichnet hat. In den Augustusgärten steht ein Denkmal für Lenin.

Skandinavier

Nicht nur Axel Munthes Name bleibt eng mit Capri verbunden. Hans Christian Andersen wählte nicht ohne Grund neben Italien auch Capri zum Schauplatz seines Romans »Der Improvisator«: eine märchenhafte Insel für den größten Märchenerzähler.

Tarantella

Der Name rührt von einer giftigen Spinnenart – der nach ihr benannte Tanz stammt aus Sorrent. In bunten Bauernkostümen tanzen Mann und Frau, von Tamburinen- und Kastagnettenrhythmen angefeuert, in immer rascher werdendem Tempo, bis sie einander völlig erschöpft in die Arme fallen: Man hat getanzt »wie von einer Tarantel gestochen«. Eine örtliche Legende erzählt den Ursprung so: Ein von der Tarantel gestochener Bauer fing unter der Giftwirkung so heftig an, rhythmisch hin- und herzuspringen, dass ihm der Schweiß in Strömen am Leib hinunterfloss. Diese Schwitzkur soll ihn geheilt haben.

Wasserversorgung

Kaiser Tiberius war zweifelsohne der erste Wohlhabende auf Capri, der es sich leisten konnte, in seiner Villa Jovis riesige Regenwasserzisternen einzubauen. Auch heute wird das Problem der Wasserversorgung von den Einheimischen auf ähnliche Weise gelöst. Jedes Haus besitzt eine unterirdische Zisterne. Die Dachkonstruktion sorgt dafür, dass kein Tropfen Regenwasser verlorengeht, sondern in die Zisterne geleitet wird. Die modernen Anlagen für die Wasserversorgung werden seit 1978 nicht mehr von Zisternenschiffen gespeist, sondern direkt vom Festland her. Die auf dem Meeresboden verlegte Leitung kommt aus der Nähe von Sorrent.

ESSEN & TRINKEN

Pasta in allen Variationen

Geben Sie sich einem völlig neuen Pasta-Erlebnis hin, und genießen Sie in vollen Zügen

Essen

Capri ist eine Insel für die Sinne – das ist längst kein Geheimnis mehr. Wie das Phänomen sich aber auch im lukullischen Sinn bewahrheitet, ist allerdings weniger bekannt. Es wird dort zumeist nur das Beste vom Besten geboten. Capri-Habitués (darunter viele Politiker, Künstler, Leute aus dem Showgeschäft) stellen keine geringen kulinarischen Ansprüche. Italiener achten in der Regel weniger auf die Preise fürs Essen als Deutsche. Es geht ihnen in erster Linie um die hohe Qualität der Speisen. Das soll aber keineswegs heißen, man komme auf der Insel nicht auf seine Kosten bei Kost und Logis. Das Verhältnis zwischen Preis und Leistung stimmt in fast allen Restaurants. Die meist einmalig schöne Lage oder die besondere Atmosphäre sind natürlich auch auf Capri ein Preisfaktor. Die Gastronomie der Capresen hat naturgemäß vieles mit der neapolitanischen Küche gemeinsam: insbesondere bei der vielfältigen Zubereitung der köstlichen Pasta- und Fischgerichte, bei der fast schon künstlerischen Verwendung verschiedener Frischkräuter aus dem eigenen Gemüsegarten und bei der Gestaltung der zahlreichen Pizzasorten. Fangen wir mit den *antipasti* an, den Vorspeisen. Hier bietet sich natürlich die sehr beliebte *insalata caprese* an (Salat aus Tomaten, Mozzarella und Basilikum); oder zur Abwechslung Schinken mit Melone oder Feigen. Dazu wird – wie zu jeder Mahlzeit – frisches Weißbrot gereicht. Beim *primo*, dem ersten Gang, hat man wahrhaftig die Qual der Wahl: außer den üblichen Spaghetti oder Makkaroni gibt es *linguine* oder *bavette* (schmale Bandnudeln), *fettuccine* oder *tagliatelle* (breite Bandnudeln), die besonderen Makkaroni-Varianten *pennette* (kurz, dick und geriffelt) und *bucatini* (lang, dünn und glatt), *fusilli* (spiralförmige Nudeln) sowie *cannelloni* (überbackene Teigröllchen). Die Liste ließe sich natürlich fast endlos fortsetzen. Es ist

Genießen Sie bei den kühlen Felsengrotten die extravagante Küche der Capreser

aber nicht dem Zufall überlassen, sondern der gastronomischen Harmonie, wie die Pastasorte (die auch Farbvarianten hat) und ihre Zubereitungsart miteinander gepaart und aufeinander abgestimmt werden. Darin liegt ja das Geheimnis der Kunst! Das Leibgericht der Capresen heißt *ravioli alla caprese* (Teigtaschen mit Schafskäse, Ei und Majoran gefüllt). Eilige Gäste bestellen *spaghetti sciué sciué* (mit Frischtomaten); sehr Hungrige stillen ihren Appetit mit *pennette aumm aumm* (Makkaroni mit Mozzarella, Auberginen und Tomaten). Fischgourmets sollten Pasta *ai frutti di mare* (mit Meeresfrüchten) oder *alle vongole* (mit Venusmuscheln) kosten. Wer Nudeln gern scharf gewürzt mag, probiere sie mit *aglio, olio e peperoncino* (Knoblauch, Öl und scharfer Pfefferschote), *all'arrabbiata* (mit Tomaten und Pfefferschote) oder *alla puttanesca* (mit Tomaten, Knoblauch, Kapern und Oliven). Wem es immer noch nicht feurig genug ist, der verlange nach einem Tropfen *olio santo* (Öl mit zerstampften scharfen Pfefferschoten). *Olio santo* ist auch das i-Tüpfelchen für jede gut gewürzte einheimische Fischsuppe *(zuppa di pesce)*. Nun ist man beim *secondo* angelangt, dem Hauptgericht. An allererster Stelle rangiert hier der Fisch. Besonders empfehlenswert: *pezzogna all'acqua pazza* (in Öl, Tomaten und Knoblauch gedünsteter Fisch). Oft führt der Kellner vorab, zur Besichtigung, seine Fischauswahl vor (etwa Wolfsbarsche, Gold- und Zahnbrassen, Tintenfische, Meeresfrüchte aller Art). Einige Restaurants verfügen über Bassins mit lebenden Langusten, Hummern und sonstigen Krustentieren. Es gibt auch solche, die tiefgekühlte Fische anbieten. Dann muss allerdings auf der Speisekarte der vorschriftsmäßige Vermerk *congelato* oder – abgekürzt – *cong.* (tiefgefroren) zu lesen sein. Unter den auszuwählenden Beilagen *(contorni)* fehlt nie der frische, gemischte Salat *(insalata mista)*, oft mit *rughetta* (einer würzigen Salatsorte) angereichert.

Die Königin der Nachspeisen ist die *torta caprese* (ein leichter Schokoladenkuchen mit feingehackten Mandeln und darüber gestreutem Puderzucker). Käse, frisches Obst, Obstsalat *(macedonia)* oder Fruchteis *(sorbetto)* sind auf Capri, als Ersatz für das Dessert (vielfältige Auswahl an Süßspeisen), eine Selbstverständlichkeit. Ein nützlicher Hinweis: Man braucht sich nicht zu genieren, wenn man sich nicht in der Lage sieht, alle drei oder gar vier

---

Die Marco Polo Bitte

Marco Polo war der erste Weltreisende. Er reiste in friedlicher Absicht, verband Ost und West. Er wollte die Welt entdecken, fremde Kulturen kennen lernen, nicht zerstören. Könnte er heute für uns Reisende nicht Vorbild sein? Aufgeschlossen und friedlich sollte unsere Haltung auf Reisen sein. Dazu gehören auch Respekt vor Mensch und Tier und die Bewahrung der Umwelt.

WWF

ESSEN & TRINKEN

Als würden die lukullischen Köstlichkeiten Capris von den Bäumen fallen

Gänge zu bestellen. Andererseits rümpfen in den besseren Restaurants viele Kellner die Nase, wenn man sich nur mit einem Teller Spaghetti und Salat begnügt.

Zum Thema Frühstück auf italienisch: Dieses ist für deutsche Ansprüche oft recht dürftig. Es besteht in der Regel aus Milchkaffee oder Tee, einem *cornetto* (Teighörnchen), ein oder zwei Scheiben Weißbrot mit Marmelade oder Honig.

Trinken

Zu den Mahlzeiten bestellt man sich meistens Wein und Mineralwasser. Der beste Tropfen auf Capri ist mit Abstand der trockene *Tiberio – Isola di Capri DOC*-Weißwein. (DOC bedeutet Denominazione di Origine Controllata und weist eine der Weingesetzgebung entsprechend nachgeprüfte Ursprungsbezeichnung aus. Es handelt sich dabei immer um staatlich anerkannte Qualitätsweine.) Er schmeckt gut gekühlt serviert am besten. Unverfälschte DOC-Weine sind stets anderen Rot- oder Weißweinen von Capri vorzuziehen, obwohl auch der sogenannte *vino da tavola* (Tafelwein) durchaus genießbar und die Probe wert sein kann. Gute offene Hausweine *(vino della casa)* sind nur in besseren Restaurants wirklich zu empfehlen. Sie können aber, aus einer gediegenen, gepflegten Eigenproduktion, durchaus zu echtem Genuss werden. Erfahrungsgemäß ist unter den Capri-Weinen der trockene Weißwein dem Rotwein weitaus überlegen. Er passt auch besser zu den Fischgerichten. Zum Abschluss trinkt man den üblichen schwarzen Espresso (keinen Cappuccino, wie es Ausländer oft tun) und gönnt sich einen Schluck eisgekühlten Zitronenlikör.

Restaurantservice

Die Tische sind meist mit Stofftüchern gedeckt, Stoffservietten gehören dazu. Dafür zahlt man pro Kopf ein *coperto* (Gedeck). Je nach Restaurantkategorie schwankt es zwischen 3000 und 6000 Lit. Hinzu kommt die Berechnung des *servizio* (Bedienungssatz), zwischen 10 und 15 Prozent des Gesamtbetrags. Wenn *servizio* gesondert auf der Rechnung ausgewiesen ist, kann man getrost auf Trinkgeld verzichten.

Warme Küche gibt es im Allgemeinen mittags zwischen 12.30 und 14.30 Uhr und abends zwischen 19.30 und 22 Uhr. Kein Ruhetag in der Hochsaison.

EINKAUFEN & SOUVENIRS

Ein Einkaufsdorado mit Tradition

Nirgendwo finden sich elegante Modeboutiquen und Luxusläden so geballt auf einem kleinen Fleckchen Erde wie auf Capri

In den exklusiven Shoppingstraßen *Via Camerelle* und *Via Vittorio Emanuele* flanierten einst gekrönte Häupter. In den 60er Jahren waren Brigitte Bardot und Prinzessin Soraya gern gesehene Kundinnen zum Beispiel bei *Caprice de Chantecler*. Auch Filmregisseur Roberto Rossellini wählte in diesem prominenten Juwelierladen für seine frisch angetraute Frau Ingrid Bergman ein prachtvolles Kollier aus. *Costanza,* die Tochter des Goldschmieds *Salvatore Aprea,* sorgt jetzt für die angebotenen Prachtstücke. Spezialisiert ist die Firma auch auf kunstvolle Originalsilberware aus dem England des 18. bis 19. Jahrhunderts *(Via V. Emanuele 51, Via Camerelle 45).* Jackie Kennedy ließ sich bei *Amedeo Canfora* Sandalen nach Maß anfertigen. Tochter Angela verfügt in der Schuhwerkstatt ihres verstorbenen Vaters über nicht weniger als 6000 individuelle Leisten (u. a. von Jackie Kennedy und von Sofia Loren). Die begehrten Sandalen sind flach und mit hübschen Schleifen, Herzen oder Rosen – aus Strass, wenn nicht aus Edelsteinen – geschmückt. Sie kosten von 120 000 Lit an aufwärts bis ins Unbegrenzte *(Via Camerelle 3).* Preiswerter sind die ebenfalls handgefertigten Ledersandalen von *Giuseppe Faiella* um die Ecke *(Via V. Emanuele 49). Diego della Valle* ist der Erfinder der »Tod's«-Mokassins: weiche und rutschfeste Schuhe aus Leder oder Wildleder mit Noppen unter den Sohlen. Sehr bequem zum Gehen und ideal für Segeltörns *(Piazza Umberto I und Via Camerelle 51).* Weniger bequem zum Laufen, aber um so modischer zum Trippeln: klobige Stiefel mit einem geflochtenen Oberteil, preiswert aus Kunststoff in Weiß oder Schwarz, präsentiert von Martine Clay *(Via Camerelle 17).* Feriengäste mit Rang, Namen und Geld, aber auch solche, deren Name nicht in den Klatschspalten nachzulesen ist, kommen heutzutage ebenso aus nah und fern, um sich nach dem letzten Modeschrei, mit viel Pep, Pfiff und auch Pomp einzuklei-

Nicht nur die Edel-Schuhläden Capris prägen das Bild

den. Mit Ferragamo, Gucci *(Via Camerelle 35)* oder Hermès *(Via Camerelle 41)* konkurriert Capris erfolgreichster Modemacher: *Livio De Simone.* Mit Vorliebe kreiert er Kleider in schillernden Farben – ausreichend weit, selbst für schwangere Damen *(La Parisienne, Piazza Umberto I und Via Camerelle 8).* Ferragamo ist der älteste Modetempel auf Capri (seit 1938!). Außer den berühmten weichen Mokassins für Mann und Frau gibt es hier todschicke Blousons, Bermudas, Seidentücher und Krawatten. Für alles zahlt man aber auch seinen Preis *(Via V. Emanuele 21 und 27).* Jede einzelne Boutique ist eine Augenweide für sich. Gibt man der Versuchung nach, so muss man dabei nicht immer tief in die Tasche greifen. In der übersichtlichen Fußgängerzone sind die Entfernungen von Geschäft zu Geschäft gering genug, um Preisvergleiche mühelos vornehmen zu können. Wer einige Brocken Italienisch beherrscht, kann auf gut Glück den Versuch wagen – vor allem in der Vor- oder Nachsaison! –, den verlangten Preis herunterzuhandeln. Manchmal klappt es auch auf deutsch oder auf englisch – mit dem nötigen Fingerspitzengefühl! Bei den heiß begehrten Kaschmirpullovern kann es mit dem Handeln allerdings schon schwieriger werden. Die Topadresse für die elegantesten Kaschmirstrickwesten mit Zopfmuster und für zweifarbige Polohemden in 30 verschiedenen Tönen - ist *Marcello Rubinacci (Via Camerelle 9).* Suchen Sie auch die preiswerteren Modeläden mit guter, alter Handwerkstradition auf. Sie sind rar geworden, aber noch längst nicht ausgestorben: Von den vier jungen Schneiderinnengeschwistern *Farella* in der *Via Fuorlovado 21 c,* die alles selbst nähen, stricken und sticken, was sie in ihrer Boutique mit viel Pfiff präsentieren, bis zu *Laura Merola (Via Camerelle 69 a),* die nicht nur Schnitte und Muster ihrer Kleider selbst entwirft, sondern auf Wunsch auch die Espadrilles aus demselben Seiden- oder Leinenstoff mitliefert. Maßgeschneiderte Hemdkleider mit dekorativ gestickter Saum- und Ärmelbordüre nähen auch Cecilia und Roberta in den Capri-Farben Gelb, Weiß, Blau und Korallenrot *(Lucertola Azzurra, Piazzetta C. Battisti 1).* Auf den Leib zugeschnitten sind die Bikinis, die *Susi* in ihrer winzigen Stube innerhalb von 24 Stunden anfertigt *(Via Le Botteghe 61).* Der Inbegriff des Schneiders auf Capri ist *Ciro Furia.* Seine Spezialität: Hosen nach Maß - mit drei bis zehn Tagen Wartezeit und Preisen, die zwischen 250 000 und 300 000 Lit liegen *(Via Valentino 20).* Auch *Aldo Spinella* näht seit 1952 in seinem schlichten Kabäuschen am Straßenrand bis zu fünf maßgeschneiderte Hosen oder Röcke an einem Tag. Die Wartezeit für einen kompletten Maßanzug (ab 800 000 Lit): circa drei Tage *(Via Fuorlovado 44).*

Für die Anregung der delikaten Sinnesorgane von Nase und Gaumen sorgen die zu Parfum, Toilettenwasser oder Likör veredelten einheimischen Blumen mit ihrem Duft und die prallen, saftigen Zitrusfrüchte. »Aria di Capri« und »Caprissimo« heißen die bekanntesten Parfums, aus den Blüten Capris im Labor *Carthu-*

EINKAUFEN & SOUVENIRS

sia – *Profumi di Capri* hergestellt. Eine sinnliche Duftwolke für den langen Abend hinterlassen »Fiori di Capri« und die aparte Kreation »Carthusia Lady« (eine Mischung aus 80 verschiedenen Blumenessenzen). *Viale Matteotti 2 b* – Labor mit Verkauf – und *Via Camerelle 10.* Delikatessengeschäfte werden hier nicht gerade groß geschrieben. Herausragend ist der Gourmetladen *La Capannina Più – Enoteca & Gourmet Shop.* Er gehört zum gegenübergelegenen Schlemmerlokal *La Capannina (Via Le Botte-ghe 39).* Hier einige kulinarische Geschenkvorschläge: kostbares kaltgepresstes Olivenöl aus Ligurien und der Toskana, Balsamessig, erlesene Capri-Weine (vor allen Dingen der weiße »Capri DOC«). Erwähnenswert ist auch <mark>Capri Natura</mark> *(Via Veruotto 5, in Richtung Marina Grande, nach dem Friedhof die erste Straße links),* eine erst 1990 ins Leben gerufene »gastronomische Werkstatt«, in der einzig Naturbelassenes aus Capri erzeugt, behutsam verpackt und verkauft wird. Der große Renner: Limoncello, der eisgekühlt getrunkene, sehr erquickende Zitronenlikör (40 %). Es gibt noch weitere seltene Likörspezialitäten aus Mandarinen, Zitronat *(cedrina),* sogar aus Myrte *(mortella),* Basilikum oder Lorbeer. Frische Kräuter wie Majoran, Origano, scharfer Paprika, Pfefferminz, Rosmarin, Salbei werden in hübschen versiegelten Keramikgefäßen angeboten. Auch Honig, Marmelade und in Alkohol eingelegtes Obst (Kirschen, Erdbeeren, Weintrauben, Orangen, Zitronen – à la Rumtopf) werden auf den Markt gebracht. Ein Geheimtipp: In

Genuss pur: La Capannina Più

dieser Werkstatt kosten die eigenen Produkte alle etwas weniger als in den übrigen Feinkostläden der Insel. Man entdeckt hie und da gut sortierte Lebensmittelläden (eine Mischung von Tante Emma und Mini-Supermarkt) – vor allem in der *Via Le Botteghe,* der *Via Matromania* und der *Via Roma.* Die letztgenannte ist übrigens die rummeligste Straße Capris, da in ihr die Bus-Endstation liegt. (Eine besondere Warnung vor dem auch dort vertriebenen billigen Touristenramsch!) Auf der *Piazza dei Martiri d'Ungheria* und in *Marina Grande (Via Don G. Ruocco)* findet von Donnerstag bis Samstag vormittags der bunte *Obst- und Gemüsemarkt* statt. Den frischesten Mozzarellakäse aus Kuhmilch kauft man bei *Isola di Capri* ein *(Via Roma 38, von der Piazza Strina führt eine Eisentreppe direkt hinunter).* In der etwas verborgenen Käserei kann man auch zuschauen, wie dieser begehrte Frischkäse entsteht und aus der Maschine plumpst. Köstlich schmeckt er mit Rucola-Salat gefüllt. Wenn man in Capri Windowshopping macht, lohnt es sich, die Augen stets offenzuhalten. Sehr geschmackvolle

Einrichtungsstoffe hoher Qualität und erstklassige Keramik kann man linker Hand auch in etwas abseits gelegenen Fachgeschäften entdecken, wenn man die *Via Roma* bergabwärts bis zur *Via Mulo* verfolgt. Dass man zwischendurch auch an kleineren Supermärkten vorbeikommt, ist dabei nur von praktischem Vorteil. Große Keramikgefäße mit originellen Blumen- oder Obstmotiven findet man zu erschwinglichen Preisen bei *Sea Gull (Via Roma 25);* geschmackvolle Untersetzer (Sets) oder winzige Gläser mit Zitronenmotiven für die Limoncello-Party bei *La Bagattella (Via Roma 75 b)*. Und bei *Massimo (Via Padre Serafino Cimino 8)* kann man sogar beschriftete oder dekorierte Kacheln einzeln bestellen. Die meisten Keramik-Wegweiser auf der Insel stammen aus dieser bescheidenen Werkstatt, ebenso die hübschen Majolikafliesen in den Hotels.

Antiquitäten, seien es Möbel, Silber- und Kristallwaren, Gläser, Porzellan, Juwelen, Radierungen, Stiche, Spiegel, Bilderrahmen, Leuchter, Keramik, bieten sich zum Schaugenuss und zum Kauf in reicher Auswahl in Capri an. Man muss zum Beispiel nur die *Via Vittorio Emanuele,* insbesondere aber die *Via Camerelle* entlangschlendern. Der Antiquitätenladen *Il Portico (Via Camerelle 37)* führt ausgefallene Art-déco-Möbel. Neuerdings hat man sich zunehmend auch auf Jugendstilvasen und -gläser spezialisiert. Gravierungen, Aquarelle sowie Stiche gehören zum Sortiment. In derselben Straße *(Nr. 89)* führt *Siniscalco-Gori* wertvolles italienisches Altporzellan.

Die originellste Gemäldegalerie auf der Insel ist zweifellos *Lo Studio di Carmelina (Via P.R. Giuliano 5)*. Die einheimische Naivmalerin Carmelina malt Capri-Ansichten in den poppigsten Ölfarben in ihrem Studio. Ganz anders der 1947 geborene Capreser Maler *Ugo Di Martino (Via P. Marina 21):* Sein surrealistischer Stil erinnert an Dalì, De Chirico, Magritte und Max Ernst. Meist Capri-Sujets. Die beste Fundgrube für gebildete Leseratten ist die gut bestückte Buchhandlung des Verlags *La Conchiglia.* Die belesene Ausilia hinter der Theke ist Capri-Expertin und selbst Herausgeberin diverser kunstvoller Bücher über das unbekannte Capri. Bei ihr findet man auch deutschsprachige Capri-Literatur *(Via Le Botteghe 12).* Der Capri-Roman des ungarischen Autors Ferenc Körmendi machte 1938 in Italien Furore. »Begegnung und Abschied«, 1982 neu aufgelegt, wurde dann auch fürs Fernsehen verfilmt und bleibt ein mitreißendes Dokument seiner Entstehungszeit. Es bezeugt sogar, dass damals noch Ziegen auf Capri weideten.

Für Sammler, die sich für alte Schmuckstücke interessieren, sei zusätzlich als Geheimtipp von Signor Raffaele besonders erwähnt *(Via Roma 63)*. Er sammelt alte Schmuckstücke, vorwiegend aus dem 19.Jh. Auffallend schön sind die Silberbroschen, Krawattennadeln und Taschenuhren. Die neapolitanischen *Toppe* (alte, runde Ohrringe mit Brillantenfassung) sind eine Besonderheit! Allerdings dürfte hier eine Warnung nicht fehl am Platz sein: Die Preise für all diese Kostbar-

EINKAUFEN & SOUVENIRS

keiten sind in Capri verhältnismäßig hoch. Man muss ja nicht unbedingt am Urlaubsort solche Einkäufe machen, aber es kann einem schon passieren, dass man gerade in Capri auf das Sammlerstück seiner Träume stößt. Wenn sich das anziehendste Objekt nicht ausgerechenet als »unverkäufliches Dekorationsstück« und »Familieneigentum« heraustellt, das man unter keinen Umständen und auch beim höchsten Gebot nicht bereit ist zu veräußern, so sollten Sammler getrost und ohne zu zögern zum Portemonnaie greifen. Vertrauenswürdig sind die ehrgeizigen Antiquitätenspezialisten in Capri allemal, sie wollen nicht den Eindruck von »Neapolitanern« im bösen Sinn des Wortes erwecken.

Deutschsprachige Zeitungen und Zeitschriften kauft man sich am Kiosk, beim Glockenturm auf der *Piazzetta*. Am besten gleich am Vormittag, solange der gegen 9 Uhr mit der Fähre eintreffende Vorrat reicht. Den zum Wahrzeichen Capris avancierten Glockenturm möchten zur Erinnerung viele Touristen auch zu Hause vor Augen haben. Wenn Sie sich mit Postkarten, Fotos oder Dias nicht begnügen wollen, können Sie ihn gerne mitnehmen – wenn auch nicht im Original, dann doch wenigstens in Form einer Nachbildung der Turmuhr, die so stimmungsvoll die Stunden schlägt. Dann hat man als Souvenir das Ziffernblatt auf dem Schreibtisch oder auf der Kommode, vielleicht auch noch am Handgelenk im Blick. So weiß man, was die Stunde geschlagen hat. Solche Wecker findet man ab 200 000 Lit. Auch Armbanduhren stehen zur Auswahl (ab 350 000 Lit), beispielsweise im Juwelier- und Uhrengeschäft *Virginia Gioielli (Via Vittorio Emanuele 2–4),* unweit vom Campanile selbst.

Das Angebot ist in Capri wesentlich reicher als in Anacapri, und so empfiehlt es sich schon, sich bei anspruchsvolleren Einkaufsprojekten von oben nach unten zu begeben, quasi vom Dorf in die Stadt. Damit ist aber nicht gemeint, dass die Souvenirläden und Modeboutiquen an der Promenade der *Via Capodimonte* und des *Viale Axel Munthe* den Durchschnittsbedarf nicht befriedigen könnten. Künstler und Handwerker, in deren Werkstätten man direkt einkaufen kann, gibt es auch, wie jene des Töpfermeisters *Sergio Rubino, La Bottega dell'Arte (Via Catena 2–4)* oder des Schustermeisters *Costanzo Arcucci (Via La Vigna 46).* Prominenz im Lebensmittelsektor sind in Anacapri die Bäckerei *Forno (Traversa Timpone 12)* und insbesondere das elegante Likörlaboratorium *(Via Capodimonte 27)* der *Limoncello*-Produktion – auf jeden Fall probieren. Der erlesene Capri-DOC-Weißwein ist in der *Vinicola Tiberio (Via Trieste e Trento 28)* zu Hause, einer der ältesten Weinkellereien auf Capri. Das einzige Kaufhaus auf der Insel führt von Mode bis Möbeln eine große Auswahl an Waren jeder Art: *Mariorita (Via Capodimonte 2).*

Öffnungszeiten der Geschäfte: Mo bis Sa von 9 bis 13 und 16 bis 20 Uhr. Vor Ostern bis etwa Mitte Oktober haben viele Läden bis in die Nacht hinein geöffnet, sogar an Sonntagen, einige auch durchgehend.

CAPRI-KALENDER

Capresen und Touristen feiern das ganze Jahr

Feierliche Prozessionen, internationale Segelwettkämpfe, klassische Musikfestivals bei stimmungsvollen Sonnenuntergängen

OFFIZIELLE FEIERTAGE

1. Januar *Neujahrstag*
6. Januar *Dreikönigstag*
Ostermontag
25. April *Tag der Befreiung vom Faschismus*
1. Mai *Tag der Arbeit*
15. August *Mariä Himmelfahrt (Ferragosto)*
1. November *Allerheiligen*
8. Dezember *Unbefleckte Empfängnis*
25. Dezember *Weihnachten*
26. Dezember *Tag des hl. Stephanus*

Karfreitag, Fronleichnam, Christi Himmelfahrt und Pfingstmontag sind in Italien keine offiziellen Feiertage mehr.

An Feiertagen haben in der Regel Sehenswürdigkeiten und Banken geschlossen. Geschäfte und Restaurants bleiben hingegen meist geöffnet.

Der bäuerliche Volkstanz Tarantella fehlt bei keinem Fest

RELIGIÖSE EREIGNISSE UND VOLKSFESTE

Karfreitag
Feierliche *Prozession* in Capri unter reger Anteilnahme der Bevölkerung.

14. Mai
★ ☯ Fest des Schutzheiligen von Capri, *San Costanzo*. In feierlicher Prozession wird die mit Blumen geschmückte Statue des Heiligen aus der ehemaligen Kathedrale Santo Stefano von Capri nach Marina Grande in die San-Costanzo-Kirche überführt und nach dem Festgottesdienst wieder zurückgebracht. Auf dem kunterbunten Jahrmarkt zur Feier des Tages ist das Angebot preiswert: u. a. Kleidung, Schuhe, Keramik, Körbe aller Art.

Die Krönung am Abend: ein buntes und großartiges Feuerwerk vor dem Glockenturm, ⚱ Musik und Tanz mit Folkloregruppen, Jazz- oder Dixiebands auf der Piazzetta.

MARCO POLO TIPPS FÜR VERANSTALTUNGEN

1 San Costanzo
Die Einwohner Capris feiern ihren Schutzheiligen (Seite 35)

2 Sailing-Cup-Regatta
Segeln nonstop (Seite 37)

3 Concerti all'imbrunire
Konzerte klassischer Musik und alte neapolitanische Lieder nach Sonnenuntergang (Seite 37)

4 Abendkonzerte in Anacapri
Klassische Musik auf Axel Munthes Spuren (Seite 37)

5 Wallfahrt
Ein Besuch der Kapelle Santa Maria a Cetrella bei Anacapri (Seite 36)

6 La Settembrata anacaprese
Das große Volksfest der Einwohner Anacapris (Seite 37)

Juni
Fronleichnamsprozession in Capri sowie in Anacapri. Ein durchaus eindrucksvolles Schauspiel.

13. Juni
Wie Capri, so hat natürlich auch Anacapri seinen eigenen Schutzheiligen – *Sant'Antonio.* Gefeiert wird dort auf ähnliche Weise, mit Verkaufsständen und aufspielenden Folklorebands auf der Piazza Diaz.

15. August
Wallfahrt zur hoch über dem Meer einsam gelegenen Kapelle *Santa Maria a Cetrella* an einem Berghang des Monte Solaro bei Anacapri. Der Besuch lohnt sich – schon wegen des atemberaubenden Ausblicks auf die Marina Piccola und die Faraglioni!

7. September
Fest der Santa Maria del Soccorso. Dabei handelt es sich um eine Volksbelustigung auf dem Monte Tiberio vor der Kapelle der Madonna, bei der Kostproben der örtlichen Spezialitäten aufgetischt werden.

7. und 8. September
Wallfahrt zur schon erwähnten hübschen Kapelle Santa Maria a Cetrella bei Anacapri. Am 8. September *(Mariä Geburt)* gibt es für die Pilgergruppen zwischen 7.30 Uhr und Sonnenuntergang kontinuierlich Gottesdienste.

Erster Sonntag nach 8. September
Fest der Madonna della Libera (Schutzpatronin der Seeleute), mit Prozession von der San-Costanzo-Kirche zur Votivkapelle im Largo Fontana (Marina Grande). Nach dem Segen kehrt der Festzug mit der Madonnenstatue wieder in die San-Costanzo-Kirche zurück. Tagsüber ist Jahrmarkt, abends spielt eine Musikkapelle, und um Mitter-

CAPRI-KALENDER

nacht gibt es ein großartiges Feuerwerk über dem Meer.

BESONDERE VERANSTALTUNGEN

1. und 6. Januar
☯ Folkloregruppen kündigen mit ihren Gesängen und dem Tarantella-Tanz auf der Piazzetta von Capri und auf der Piazza Diaz in Anacapri das *Neue Jahr* und einige Tage später auch das *Dreikönigsfest* an.

Zweite Aprilhälfte
Der internationale *Orgelwettbewerb Isola di Capri* der Musikgesellschaft Santa Sofia findet seit 1998 alle zwei Jahre statt.

Mai bis September
In der renovierten Kapelle im Garten der Villa San Michele in Anacapri finden im Rahmen der Reihe *Venerdì Musicali* an den Freitagabenden klassische Kammermusikkonzerte statt. *Informationen zum Programm sind unter Tel. 08 18 37 15 24 erhältlich*

Letzte Maiwoche
★ ☯ ⚘ Eine Woche lang wird nonstop gesegelt bei der *Sailing-Cup-Regatta,* die einmal im Jahr traditionsgemäß auf Capris Gewässern stattfindet. *Information: Ruderclub Circolo Canottieri, Neapel, Tel. 08 15 52 11 62*

Erste Juniwoche
☯ ⚘ Noch eine Segelregatta, diesmal für die 1., 2. und 3. Klassen I. O. R. Wer als Mannschaftsmitglied daran aktiv teilnehmen will, kontaktiere frühzeitig die *Associazione Italiana Classi I. O. R., Viale G. Cesare 14, 00192 Roma, Tel. 0 63 61 08 49*

Juni bis August
★ Anacapri bietet an den Samstagabenden unterm Sternenhimmel auf der *Piazza San Nicola* niveauvolle *Konzerte* von Kammerensembles und *Liederabende* an. *Info und Verkauf der Karten: Box Office, Tel. 08 15 51 91 88*

Juni bis September
★ Unter dem Motto *Concerti all'imbrunire* (Konzerte nach Sonnenuntergang) bietet Capri seinen Sommergästen im Giardino della Flora Caprese ein *Musikfestival* unter freiem Himmel an. Außer den Konzerten mit klassischer Musik gibt es einen weiteren Leckerbissen: Einheimische Sänger tragen auch alte neapolitanische Lieder vor.

Juli bis August
☯ ⚘ *Konzerte* von beliebten italienischen Schlagersängern. Veranstaltungsorte und Termine werden auf Plakaten rechtzeitig bekanntgegeben.

Erste Septemberwoche
★ ☯ ⚘ Während der ==Settembrata anacaprese== ist ganz Anacapri aufs Feiern eingestellt. Eine Woche Jubel, Trubel, Heiterkeit. Volksbelustigung mit Volksbegeisterung. Zum Auftakt: bunte Wagenparade mit kostbaren Festkostümen. Abwechselnd gestalten ihre Tagesprogramme die vier Stadtteile La Porta, Le Stalle, Le Pietre und Le Boffe. Sie wetteifern um den vom Gemeinderat ausgesetzten Preis Goldene Weintraube. Das i-Tüpfelchen: Diverse Stände längs der Straßen verführen den Gast mit ihren kulinarischen Köstlichkeiten (wie Auberginenauflauf) – all das kostenlos, wohlgemerkt!

ORT CAPRI

Rund um die Piazzetta

*Der elegante und traditionsreiche
Mittelpunkt der Insel*

Zum eigentlichen Kern des Ortes Capri führt ein Funicolare vom Hafen Marina Grande zwischen Weingärten und schlichten weißen Flachdachhäusern 142 Meter schnurstracks den Hügel hinauf. Schon befinden wir uns am Glockenturm, auf der anmutigen, von Caféterrassen gesäumten *Piazzetta* – Treffpunkt par excellence der Eleganz und Extravaganz aus aller Welt. Um die Piazzetta herum drängen sich die weiß getünchten Häuser der engen Altstadt. Schattenspendende Bogengänge, schmale Gassen und Treppen, mit Bougainvilleen berankte Häuser, von üppiger mediterraner Vegetation umgebene Villen prägen das Ortsbild. Kein Hochhaus weit und breit, keine augenfeindliche Leuchtreklame. Auch die exklusive Bummelgasse *Via Camerelle* hält sich diskret. Der Ort Capri selbst (rund 7500 Einwohner) dehnt sich östlich über die steilen Hügel des *Monte Tuoro* (262 m) weiter, bis zum noch höheren *Monte Tiberio* (335 m). Südlich erstreckt er sich bis zum Badestrand von *Marina Piccola* hinunter. Eine insgesamt zwei- bis dreistündige Wanderung! Die Inselarchitektur hat ihren ursprünglichen Charakter größtenteils bewahrt. Die in der saftig grünen Landschaft eingebetteten viereckigen Häuser haben etwas kubistisch Anmutendes, bilden einen scharfen Kontrast zu den dramatisch-schroffen Felsen. Der Ort Capri ist eine Augen-, aber auch eine Ohrenweide. Anstelle von rumorenden Autos und Mopeds nur hie und da dezent surrende Elektrokarren: eine wohl tuende Fußgängeroase, die zu den schönsten Spaziergängen verführt. Sogar Fahrräder wären hier fehl am Platz wegen der Höhenunterschiede und der vielen Treppen.

Wenn wir schon bei den Treppen sind, wollen wir nicht verschweigen, dass die berühmte Phönizische Treppe, die früher von der Marina Grande aus (dem Urkern der Siedlung Capri) die einzige begehbare Verbindung zu Anacapri darstellte, keines-

Wie Schwalbennester haben die Bewohner von Capri ihre Häuser an die Felsen geklebt.

wegs von Phöniziern, sondern von Griechen im 5. Jh. v. Chr. in die Felsen geschlagen wurde. Lange war sie wegen ihrer teilweise gefährlichen Strecken berüchtigt, ist aber seit 1998, nach ihrer Renovierung, wieder vollständig begehbar. Zur Zeit ihrer Entstehung lag die Vorherrschaft in der Bucht von Neapel noch in griechischen Händen. Aber aus Neapel kamen dann 328 v. Chr. die Römer, deren Geschichte jene von Capri zutiefst geprägt hat. Zu den bedeutenden Sehenswürdigkeiten gehören im Verwaltungsgebiet des Ortes Capri zum Beispiel solche wie die Grotte von Matromania mit den Resten eines Nymphäums, vermutlich der Göttermutter Kybele geweiht. Kaiser Tiberius hatte bekannterweise eine Vorliebe für Höhlen, die in der heißen Sommerzeit angenehm zur Erholung dienen konnten. Dass man in Rom hinter vorgehaltener Hand munkelte, der Grottenaufenthalt und die verschiedensten Ausschweifungen seien bei dem Kaiser in enger Verbindung gestanden, weiß man zwar aus den Erzählungen des Suetonius, doch für deren Wahrheitsgehalt kann nicht gebürgt werden. Allerdings war dieser Kaiser kein Verächter des guten Weins, so dass man ihn auch mit dem Kosenamen Biberius bedachte, was auf lateinisch *(bibere)* auf das Trinken hinweist. Die Capresen beweisen mit ihrer Bezeichnung »Timberio« ihrem einstigen Herrscher gegenüber immer noch liebevollen Respekt.

Die am besten erhaltenen Ruinen aus Tiberius' Regierungszeit sind die imposanten Mauern seiner Residenzvilla – unweit vom Ort Capri. Einmalig die Lage mit Rundblick aufs Meer, eindrucksvoll die in mehreren Stockwerken emporragende Palastruine, bunt die damit verbundenen Reminiszenzen. Ob Feinde, untreue Hofleute und dem kaiserlichen Verdruss anheimgefallene Gespielinnen tatsächlich von der Felsenhöhe ins Meer gestürzt wurden, mag – ungeachtet der Verleumdungen des mit in Gift getauchter Feder schreibenden Suetonius – zweifelhaft bleiben. Sicher ist dagegen, dass der Signalturm, eingestürzt bei den schweren Erdbeben von 37 und 63 n. Chr., für die damalige »Telegrafen«-Verbindung mit dem Festland durch Feuer- und Lichtsignale strategische Bedeutung hatte. Eine lateinische Inschrift weist mit einem poetischen Vergleich darauf hin. Die in der Felswand hausenden Möwenscharen begrüßen den Wanderer zwischen Leuchtturm und tiefblauem Meer mit ihren Segelflugkünsten und ihrem schrillen Geschrei. Gelb blühende Ginstersträucher ergänzen die Harmonie der Farben – wie an so vielen Stellen auf Capri. In der Nähe der Loggia, wo Tiberius im Schatten wandeln konnte, steht heute eine kleine Kapelle, auf der Aussichtsterrasse davor ragt eine bronzene Madonnenstatue gen Himmel. Wenn man so will, ein Sinnbild für die Gegenpole heidnischen Römertums und christlicher Epoche auf Capri.

Aus der römischen Kaiserzeit stammen auch die unter dem Namen *Palazzo a mare* bekannten Ruinen in der Nähe der Marina Grande. Ihre ausgedehnten Terrassenanlagen ließen die For-

ORT CAPRI

MARCO POLO TIPPS FÜR DEN ORT CAPRI

1 Faraglioni
Drei aus dem Meer ragende Felsenklippen – auf unzähligen Postkarten verewigt (Seite 45)

2 Villa Malaparte
Ein »Bügeleisen« der ganz besonderen Art (Seite 49)

3 Via Krupp
Nach seiner Renovierung ist Capris spektakulärster Spazierweg wieder begehbar (Seite 47)

4 Villa Jovis des Kaisers Tiberius
Elf Jahre lang das Machtzentrum des Römischen Weltreichs (Seite 48)

5 Kartäuserkloster San Giacomo
Ein großes Kloster für die kleine Insel (Seite 46)

scher vermuten, es handele sich um eine Villa, die Kaiser Augustus als Sommeraufenthaltsort gedient habe. Unweit davon gibt es die unter dem Meeresspiegel liegenden Überreste, die der Volksmund heute als Bagni di Tiberio (Badeanstalt des Tiberius) bezeichnet. Die Annahme, dieses Bauwerk habe früher über dem Wasserniveau gelegen, hat sich durch Forschungen als unhaltbar erwiesen, denn heute wissen wir, dass der Wasserspiegel in der Römerzeit nicht niedriger war als heute. Tatsächlich handelt es sich um die Fundamente von Hafenmolen sowie von Fischzucht- und Schwimmbecken. Auch von solchen Einrichtungen des römischen Lebens gibt uns also Capri durch Beispiele Auskunft. Überreste einer dritten Kaiservilla wurden außerdem auf dem Hügel Castiglione gefunden. Die vierte große Palastruine befindet sich auf dem Gebiet von Anacapri: *Damecuta*. Ob die antiken schriftlichen Quellen, die uns von zwölf Kaiservillen berichten, der Wahrheit entsprechen, lässt sich heute nicht mehr nachweisen. Allerdings verstanden die Römer, wie später auch die Italiener, unter »Villa« nicht nur ein Wohngebäude, sondern auch das dazugehörende landwirtschaftliche Anwesen, und entsprechende Mauerreste kann man auf Capri an vielen Stellen noch ausfindig machen. Die schöne Gartenanlage, die den Namen des Augustus trägt, soll sich ebenfalls auf einem Gelände befinden, wo der Kaiser einst lustwandeln konnte, mit einem herrlichen Ausblick auf die Faraglioni. Unterhalb der Augustus-Gärten liegt das ehemalige Zentrum des geistlich-christlichen Lebens auf Capri: die Kartause. In den 20er Jahren des 4. Jhs. wurde das Christentum auf Capri eingeführt, und 571 lässt sich zum ersten Mal die Anwesenheit von Zuflucht suchenden Benediktiner- und Basilianermönchen nachweisen. Um 589 gründeten die Mönche in Capri das Benediktinerkloster *San Vito/Santa Sofia*. Bereits im Jahr 592 wird in einem Brief von

Papst Gregor dem Großen an den Erzbischof von Sorrent die Existenz eines dem heiligen Stephanus geweihten Klosters auf dem Capri-Hügel erwähnt. 715 wurde Capri dem Bistum Sorrent unterstellt. Und damit sind wir schon fast bei der Ankunft des heute als Schutzpatron von Capri verehrten San Costanzo angelangt (um 739). Die Eigenständigkeit der beiden Städtchen Capri und Anacapri geht auch daraus hervor, dass diese zwei verschiedene Schutzheilige ihr eigen nennen. Der schon erwähnte Franzose Jean Jacques Bouchard behauptete in seinem in der ersten Hälfte des 17. Jhs. entstandenen Werk, die Leute von Capri und Anacapri könnten sich nicht ausstehen. Als Ursache der Feindseligkeit nennt er den Charakter der Capresen: Sie seien streitsüchtig. Aber Bouchard soll uns kein kompetenter Chronist sein. Es scheint, dass er mancherlei Vorurteile gegen Capri hegte. So gefiel ihm auch die Capreser Bauweise nicht, genauer gesagt, die Kuppeldächer. Karl Friedrich Schinkel war da ganz anderer Meinung, wie seine Capri-Zeichnungen im Berliner Kupferstich-Kabinett zeigen. Schinkel äußert sich in seinen Tagebuchnotizen aus dem Jahr 1804 über sein Capri-Bild: liebliches Ländchen, ätherische Luft, unverdorbenstes Völkchen der Welt.

Zutreffend kommt Capris »Doppelgesicht« in dem Inselbericht von Ferdinand Gregorovius aus dem Jahr 1853 heraus, in dem er schreibt: »Es liegt hier Fürchterliches und Liebliches in einem seltsamen Kontrast.« Damit meinte er freilich die Landschaft der Insel. Kirchliche und weltliche Begebenheiten verstricken sich in der Feudalzeit in Capris Geschichte nicht anders als anderswo in Europa. So wird Capri 987 zum Bischofssitz, gleichzeitig endet damit auch die weltliche Oberherrschaft von Sorrent. Danach ist das Schicksal Capris mit jenem von Amalfi verbunden unter der sich hintereinander ablösenden Macht von Langobarden, Normannen, Staufern, dem Haus Anjou und den Aragoniern. Mit der Ankunft der Kartäusermönche und dem Bau der Kartause San Giacomo (1371–74) beginnt deren örtliche Vorherrschaft, gefördert durch päpstliche Bullen und Privilegien. Den Auftrag zum Bau des Klosters erteilte der Capreser Graf Giacomo Arcucci, der 1366 zum Sekretär der Anjou-Königin Johanna I. von Neapel ernannt worden war. Heute ist das Kloster mit seiner gotischen Kirche und seinem nach der Plünderung und Brandschatzung (1553) durch den mohammedanischen Piraten Dragut erneuerten Kreuzgang sowie dem damals neu errichteten Aussichts- und Wehrturm ein Kulturzentrum der Stadtgemeinde von Capri. Besser gesagt, es soll erneut diese edle Funktion übernehmen, sobald die Renovierungsarbeiten beendet sein werden. Vorübergehend mussten das Konzertleben sowie die früheren Musik- und Tanzwettbewerbe in die Kirche *Santa Teresa* oberhalb der Via Roma ausweichen.

Neben der Piazzetta gehört die ehemalige *Kathedrale des heiligen Stephanus* zu den bekanntesten Wahrzeichen der Stadt Capri. 1692 wurde die alte Kirche,

ORT CAPRI

die den beiden Heiligen Sofia und Stephanus gewidmet war, abgerissen, um für den Bau der neuen Kathedrale Platz zu schaffen. Ein bemerkenswerter und kostspieliger Schritt, denn erst im Jahr 1656 hatte eine verheerende Pestepidemie fast die Hälfte der damaligen Bevölkerung von nur 755 Seelen (350 Todesopfer) ins Grab befördert.

Die Bischofsherrlichkeit in Capri dauerte allerdings nur bis zum Jahr 1818. Damals wurde das Bistum Capri aufgelöst, und der Kreis schloss sich: Capri wurde kirchenrechtlich, wie schon früher, wiederum Sorrent unterstellt. Deshalb wird Santo Stefano mit pedantischer Genauigkeit nur noch die ehemalige Kathedrale genannt. Nach der kürzlich erfolgten Restaurierung thront die Kirche, strahlend weiß getüncht, mit ihren majestätischen Kuppeln und den stilvoll grauen Kontrastflächen in unverändertem Stolz über der Piazzetta und bietet den ermüdeten Besuchern die zu ihr führenden Treppen als beliebte Raststätte an.

Natürlich ging die moderne Entwicklung nicht spurlos an Capri vorbei. Es gab dort nicht nur archäologische Ausgrabungen, die 1786 unter der Leitung eines Sekretärs an der österreichischen Botschaft in Neapel, damals noch unter der Bourbonen-Herrschaft, ihren ersten Anlauf genommen hatten. Den Namen von Norbert Hadrawa darf man sich ebenso merken wie jene der deutschen Wissenschaftler, die an der Enthüllung der Geheimnisse Capris beteiligt waren, z. B. August Kopisch und Ferdinand Gregorovius. Im Zusammenhang mit dem sicherlich abenteuerlichsten Bauwerk der Insel muss der Ingenieur Emil Meyer erwähnt werden, der zwischen 1905 und 1910 mit seinen Leuten im Auftrag des Stahlkönigs und Capri-Fans Friedrich Alfred Krupp dessen Geschenk an die Gemeinde Capri, die Via Krupp, als Verbindungsweg von der Marina Piccola zu den Augustus-Gärten kühn in die Felsenwand geschlagen hat.

1880 wurde mit dem Bau der Hafenmole von Marina Grande begonnen, um das vor den Wellen geschützte Becken zu schaffen, in dem heute die großen Touristenfähren genauso anlegen können wie die PS-starken Schnellboote. Die erste Bahn, die das Hinaufklettern nach Capri vom Hafen überflüssig machte, wurde 1910 erbaut. Sie fuhr noch mit Dampf. Erst 1915 wurde Capri an das Elektrizitätsnetz angeschlossen. 1950 nahm dann die Standseilbahn (Funicolare) den Betrieb auf. Sie bewältigt die 142 Meter Höhenunterschied in weniger als vier Minuten. Die von der Marina Grande bis zum Stadtkern von Capri führende Serpentinen-Autostraße wurde zwischen 1958 und 1965 mit großem finanziellem Aufwand erbaut. Ob man sich über ihre Existenz freuen soll, bleibe dahingestellt. Mit den Eselskarren ging es früher sicherlich langsamer, sie waren aber für die Individualisten, die sich ihnen anvertrauten, ein stilgemäßeres und gemütlicheres Beförderungsmittel als die zumeist überfüllten Busse. Doch der Fortschritt hat Capri nicht allzu viel anhaben können. Wer die Gegend um die Bus-Endstation an der *Via Roma* und auf der *Piazza dei Martiri d'Ungheria* meidet, merkt nichts von Krach und Gestank.

Wohl bleibt von solchen Unannehmlichkeiten die auf Capri lebende Adelsprominenz verschont. Bis zu seinem Tod 1998 residierte zum Beispiel der italienische Prinz Caravita di Sirignano auf der Insel. Dessen Familiennamen trägt eine Gasse im Zentrum Alt-Capris. Nomen est omen: Caravita heißt auf deutsch »teures Leben« – und natürlich drehte sich ein entsprechendes Gesellschaftsleben um den Prinzen herum. Oder nehmen wir den Namen Ferragamo. Er ist unter allen Liebhabern kostbarer Modekreationen ein Begriff, und das ganz besonders, wenn es um aparte Schuhe geht.

Wanda Ferragamo, die Witwe des Firmengründers, lebt in ihrer Villa an der Marina Piccola in einem luxuriösen Ambiente, das in seiner Exklusivität jener des Modehauses entspricht. Alle waren sie hier: Fiat-Chef Gianni Agnelli, der in die Schlagzeilen geratene Millionär Kashoggi, dazu Regisseure, Filmstars und sternchen. Treffpunkt der feinen Gesellschaft ist auch die Villa des Prinzen Orsini d'Aragona.

Und was nehmen die Menschen von der Insel mit nach Hause? Meistens Kitsch. Was haben die Dichter geschrieben? Nichts Bewegendes. Literaturkritiker Fritz J. Raddatz ist nicht der einzige, der in diesem Zusammenhang festgestellt hat, dass Capri zu besingen kaum ei-

Archaisch und wild: der mächtige Felsbogen »Arco Naturale«

ORT CAPRI

nem Dichter auf seinem Niveau gelungen sei. Fügen wir hinzu, bei den Malern ist man auch nicht viel besser bedient.

☛ **Stadtplan in der hinteren Umschlagklappe**

BESICHTIGUNGEN

Arco Naturale (109/E 3)
Inmitten der wilden Waldlandschaft an der östlichen Inselküste ragt ein mächtiger, durch Erosion geformter Felsenbogen steil über die Meeresbrandung hinaus. *Von der Piazzetta aus führt ein Fußweg über die Via Le Botteghe und die Via Matromania in etwa 20 Minuten dorthin.*

Augustus-Gärten (U/C–D 4)
Die Via Serena (rechter Hand vom Luxushotel Quisisana) stößt auf die Via Matteotti (wieder nach rechts), an deren Ende die nach dem römischen Kaiser Augustus benannte gepflegte Parkanlage liegt. Außer zu den Faraglioni oder zur Marina Piccola genießt man hier von einer Aussichtsterrasse aus den bei weitem schönsten Blick auf die sich in steilen Serpentinen hochwindende Via Krupp. Wenn man hinter diesem Aussichtspunkt einem etwas versteckten kurzen Pfad den Berg aufwärts folgt, steht man plötzlich vor einem Profilbild Lenins aus weißem Marmor zur Erinnerung an dessen zwei Stippvisiten auf Capri (1908 und 1910), bei seinem dort weilenden Freund Maxim Gorki (Relief des namhaften italienischen Bildhauers Giacomo Manzù).

Belvedere di Tragara (U/E 5)
Von dieser Aussichtsterrasse aus, die sich am Ende der *Via Tragara* findet, sind die Faraglioni fast zum Greifen nahe. Von hier aus kann man dann weiter in Richtung Pizzolungo und Arco Naturale spazieren oder den schmalen Fußweg unterhalb der Belvedere-di-Tragara-Terrasse einschlagen. Dieser führt zu zwei renommierten Badeplätzen unmittelbar gegenüber den Faraglioni.

Casa Rossa (U/D 3)
In diesem tatsächlich »roten Haus«, Ecke *Via Longano* und *Via Sopramonte,* wohnten einst zwei bekannte Persönlichkeiten: der russische Schriftsteller Maxim Gorki (1868–1936) und der deutsche Arzt Emil von Behring (1854–1917), Entdecker der Impfstoffe gegen Diphtherie und Wundstarrkrampf. Die Casa Rossa ist heute ein privates Apartmenthaus und von innen nicht zu besichtigen.

Faraglioni (109/D 5–6)
★ Die Faraglioni sind das bekannteste Wahrzeichen der Insel. Es sind drei aus dem Meer hochragende, imposante Felsenklippen: *Stella* (109 m), mit der Küste durch eine kleine Landzunge verbunden, *Faraglione di Mezzo* (81 m) in der Mitte, *Scòpolo* (104 m) am weitesten im Meer stehend. Auf letztgenanntem Felsen leben noch die ganz seltenen, bezaubernd schillernden blauen Eidechsen, die es nur dort gibt.

Friedhöfe (U/A–B 3)
Von der Piazzetta über die Via Roma führt die Via Marina Grande zu einem Friedhof ganz besonderer Art hinunter: den 1878 vom Amerikaner George

Hayward gestifteteten *Non Roman Catholic Cemetry*. Auf italienisch heißt er *Cimitero Acattolico*: eine Ruhestätte für nichtkatholische ausländische Capri-Freunde. Es liegen hier unter anderen der französische Baron Jacques d'Adelsward Fersen begraben, der schottische Schriftsteller, Capri-Kenner und -Forscher Norman Douglas, Prinz Nicola Sayn-Wittgenstein und das baltisch-deutsche Ehepaar von Uexküll (bei dem Rainer Maria Rilke vor dem Ersten Weltkrieg mehrmals zu Gast war). Oberhalb dieser – inzwischen leider ziemlich verwahrlosten – Ruhestätte befindet sich der katholische Friedhof. Helios Diefenbach, Sohn des Münchner Malers Karl W. Diefenbach, hat sein Grab dort (3. Reihe rechts), desgleichen die 1979 verstorbene englische Sängerin Gracie Fields (an der Treppe vor dem Ausgang linker Hand). Dort ruht auch, in einem schlichten Grab mit schmiedeeisernem Kreuz, der zu mehr als zweifelhafter Berühmtheit gelangte deutsche Filmregisseur Veit Harlan – er stellte sich mit seinen Filmen in den Dienst der nationalsozialistischen Propaganda. *Via Marina Grande, Öffnungszeiten: Mo-Sa 7.15–12.45 und 14.15–16.45, an Sonn- und Feiertagen 7.15–12.45 Uhr*

Grotta di Matromania (109/E 3)

Steile Stufen führen unterhalb des Arco Naturale abwärts zur Matromania-Höhle – eine aus dem lateinischen Namen Mater Magna (Große Mutter) durch Verballhornung entstandene Bezeichnung. Zur Römerzeit diente die Höhle als Kultstätte. Das alte, halbkreisförmige Mauerwerk lässt heute noch die Reste eines Nymphäums erkennen. Es lohnt sich, weiter bis zum Meer hinabzusteigen, um dann über Pizzolungo und die Belvedere-di-Tragara-Terrasse zurück nach Capri zu gelangen.

Kartäuserkloster San Giacomo (U/D 4–5)

★ Das im 14. Jh. vom Grafen Giovanni Arcucci (Sekretär der Königin Johanna I. von Neapel) erbaute Kloster beeindruckt durch seine Größe und Architektur. Nach mehrmaliger Zerstörung wurde die Kartause mit ihren schönen, gewölbten Dächern immer wieder restauriert, jedoch 1808 auf Geheiß Napoleons säkularisiert. Besonders sehenswert: der kleine Kreuzgang (15. Jh.) mit Kapitellen teils römischen, teils byzantinischen Ursprungs; in der gotischen Kirche das Spitzbogenportal mit Relieffiguren und einem Lünet-

Überwältigt allein durch ihre Größe: die Kartause San Giacomo

ORT CAPRI

> **Wachtelbischöfe**
>
> So nannten scharfe Zungen im 17. Jahrhundert ironisch die auf Capri ansässigen Oberhirten, weil man der Annahme war, sie würden, mangels anderer Geldquellen, größtenteils an dem Zehntel aus dem Jagderlös ihren Lebensunterhalt verdienen. Ein gewaltiger Trugschluss, denn die Wachtelschwärme machten ja nur zweimal im Jahr Station auf der Insel, um sich auf ihrem Wanderzug auszuruhen. Eines steht aber fest: Verächter dieser schmackhaft zubereiteten Vögel waren die Geistlichen gewiss nicht.

tenfresko aus dem 14. Jh.; der Glockenturm im Barockstil, geziert von schwungvollen Voluten. Der große Kreuzgang aus dem 17. Jh. kann nach gründlicher Restaurierung wieder besichtigt werden. Der hübsche Garten zieht sich bis zu den Klippen am Meer hin. Im Kirchenvorraum ist eine Galerie mit Werken des deutschen Malers Diefenbach untergebracht. Sie werden wegen ihrer teils unverkennbaren Capri-Bezogenheit von vielen Besuchern andächtig bestaunt, stellen aber durchaus kein Muss dar. *Di bis So 9–14 Uhr*

Palazzo a Mare (107/F 1)
Von der einstigen riesigen Sommerresidenz des Kaisers Augustus, westlich vom Marina-Grande-Strand, sind noch manche Überreste zu erkennen: Teile einer Mauer, eines halbkreisförmigen Nymphäums und eines Fischbeckens unter Wasser.

Punta Cannone (U/C 5)
☆ Einer der schönsten Aussichtspunkte der Insel mit Blick auf die Faraglioni und die Kartause zur linken, auf die Bucht der Marina Piccola zur rechten Seite. (Die Via Krupp sieht man von hier aus nur ansatzweise.)

Zum Belvedere der Punta Cannone geht es in 20 Minuten bergaufwärts über die *Via Castello*.

Via Krupp (U/B–C 5)
★ Den schönsten Wanderweg der Insel ließ Friedrich Alfred Krupp Ende des 19. Jhs. auf eigene Kosten in einen steilen Felsabhang der Südküste hauen. Der schmale Serpentinenweg verbindet die Augustus-Gärten mit der Marina Piccola. Zu Krupps Zeiten sollte er den Zugang zur Fra-Felice-Höhle erleichtern, die jener auf halber Höhe ebenfalls in die Felswand schlagen ließ. Hier feierte der Stahlkönig, angeblich in feuchtfröhlicher Männerrunde, ungestört seine Feste.

Der Höhenweg war lange offiziell gesperrt, weil das niedrige Mäuerchen hoch über dem abgrundtief liegenden Meeresufer an mehreren Stellen völlig abgebröckelt war. Mitte September 1999 feierte man nach sorgfältig ausgeführter Arbeit die Eröffnung des wieder in Stand gesetzten, kühn gebauten Weges. Die kleine Reststrecke am unteren Ende, in der Nähe des Sarazenenturms, soll im Jahr 2000 folgen, wenn die noch erforder-

Alfred Krupp verewigte sich durch die Anlage eines Wanderweges

lichen Geldmittel freigegeben werden.

Villa Jovis
des Kaisers Tiberius (109/E 2)

★ ⚜ Richtig berühmt geworden ist Capri im Altertum erst, seitdem Kaiser Tiberius auf der Insel seine Villen (angeblich waren es insgesamt zwölf) errichten ließ und von 26 n. Chr. bis zu seinem Tod im Jahr 37 das Weltreich von hier aus regierte. Die größte und prachtvollste war zweifellos die Villa Jovis (besser gesagt: eine Palastresidenz), elf Jahre lang Hauptwohnsitz des Kaisers. Die Villa trägt nicht den Namen Jupiters, wie vielfach angenommen wird. Tiberius machte sich nicht viel aus Göttern. Er beschäftigte sich lieber mit der Sternenkunde. So ist der Name eher der Io zuzuschreiben, der einem ruhelosen Schicksal ausgelieferten Königstochter aus Argos, die als Sinnbild der Mondphasen oder der wandelnden Mondgöttin galt.

Die gut begehbaren Ausgrabungen, die auf der steilen Ostspitze der Insel etwa 7000 qm Fläche umfassen, lassen die vergangene Pracht nur erahnen. Die Architektur des Palasts ist für den heutigen Besucher nicht so leicht nachvollziehbar. In mehreren Stockwerken waren Säle, Zimmer, Wandelgänge, Nebenräume und Terrassen untergebracht – mit einem Höhenunterschied von insgesamt 40 Metern. Heute sind noch gewaltige hohe Mauerreste übriggeblieben, aber von den prunkvollen Marmorböden und Wandverkleidungen ist nichts mehr zu sehen, nachdem die Baureste eine lange Zeit Plünderungen ausgeliefert waren. Rechts vom Eingang liegen die Thermen. Gut erhalten ist der quadratische Innenhof, in dem die großen Regenwasserzisternen ihren Platz fanden. Die etwas abseits gelegenen kaiserlichen Privatgemächer befanden sich ganz oben auf der Höhe des kleinen Kirchenvorplatzes.

ORT CAPRI

Zwischen der Villa und dem mit roten Ziegeln abgestützten Leuchtturm – von dem aus Rauch- und Lichtsignale die Kommunikation mit dem Festland sicherstellten – befindet sich der berüchtigte Abgrund Salto di Tiberio (Sprung des Tiberius). Dort soll, den Gerüchten nach, der Herrscher seine unliebsamen Gäste und Bedienstete aus fast 300 Meter Höhe hinab ins Meer gestürzt haben. Schwindelfreie steigen über die niedrige Mauer vor dem gesicherten Aussichtspunkt und blicken schaudernd in den steilen Abgrund hinunter. (Neuerdings wegen Erdrutschgefahr vorübergehend Sperrzone.) Die Tiberius-Villa erreicht man in einer etwa einstündigen Wanderung von der zentralen Piazzetta aus über die Via Longano und die Via Sopramonte. Vor dem Supermarkt Superette links einbiegen in die ansteigende Via Tiberio, bis sich, von deren Ende, die Ruinen auf dem Monte Tiberio erblicken lassen. Festes Schuhwerk empfiehlt sich. *Öffnungszeiten der Villa Jovis: tgl. 9 Uhr bis 1 Stunde vor Sonnenuntergang, 1. Jan., 1. Mai und 25. Dez. geschl., Eintritt: 4000 Lit*

Villa Malaparte (109/E 4)

★ ✵ *Ferro da stiro* (Bügeleisen) heißt im Volksmund die originellste Villa auf Capri. Curzio Malaparte (1898–1957), das Enfant terrible der italienischen Literatur (seine auch in Deutschland erfolgreichen Romane: »Kaputt« und »Die Haut«), ließ sich in den 30er Jahren dieses eigenwillige Haus auf dem abgelegenen Felskap Massullo vom Architekten Adalberto Libera erbauen. Außen führen breite Treppenstufen aus rotem Ziegelstein an der einen Schmalseite zum Flachdach hinauf, als handele es sich um eine aztekische Tempelpyramide. An das ochsenblutfarbene Haus schmiegen sich dunkelgrüne Kiefern – in einer seltenen Farbharmonie mit dem darunter glitzernden blauen Meeresspiegel. Die Eingangstür erinnert eher an einen bescheidenen Dienstboteneingang. Doch neben einem holzvertäfelten Zimmerchen im Bierstubenstil öffnet sich ein weiträumiger Empfangssaal (16 mal 8 m) mit breitgezogenem Kamin. Eine Lichtflut fällt durch vier Fenster ein, die fast den Boden berühren. Fensterausblicke – auf die Faraglioni und die Halbinsel von Sorrent – wirken wie Wandgemälde: an ergreifender Schönheit nicht zu überbieten. Am interessantesten ist im oberen Stock der letzte, fensterreiche Raum hoch über dem Felsabgrund: Malapartes rechteckiges Arbeitszimmer mit einem an drei Wänden entlanggezogenen Schreibtisch. Die handgemalten Fliesen mit Lyramotiven stammen von Alberto Savinio, dem Bruder des surrealistischen Malers Giorgio De Chirico. Leider ist die Villa auch heute in Privatbesitz und wird nur zweimal im Jahr für Architektentagungen geöffnet. Wer für teures Geld Mitglied der Vereinigung *Casa Malaparte* werden will, kann natürlich teilnehmen (Auskunft bei *Associazione Casa Malaparte, Via Colonnetta 5, I-20122 Milano*). Sonst sieht man die Villa am besten aus der Vogelperspektive, wenn man vom Arco Naturale in Richtung Tragara-Kap am Meer entlang spazieren geht.

KIRCHEN

Deutsche
Evangelische Kirche (U/E 4)
Ein schlichtes gelbes Kirchlein an der Ecke *Via Tragara/Via Giuliani*. Früher wurde dort der Sonntagsgottesdienst regelmäßig in deutscher Sprache abgehalten. Heute schwanken die Uhrzeiten: mal um 10, mal um 11 Uhr. In letzter Zeit blieb die Kirche des öfteren ganz geschlossen.

Sant' Anna (U/D 3)
Die Via Madonna delle Grazie führt zu diesem Kirchlein mitten im ältesten Ortsteil Capris. Auf dem kleinen Kirchvorplatz stehen noch rudimentäre Säulen. Jene in der dreischiffigen Minibasilika weisen römische Fragmente auf. Der Bau mit den byzantinisch anmutenden Apsiden geht auf den Anfang des 13. Jhs. zurück. *Unregelmäßige Öffnungszeiten*

San Costanzo (U/A 1)
✦ Die Kirche des Schutzpatrons – die älteste auf der Insel – befindet sich oberhalb der Marina Grande, wo früher die erste Siedlung des alten Capri gewesen sein soll. Besonders interessant ist der Zentralkuppelraum aus spätbyzantinischer Zeit mit seinen schlichten Säulen und Kapitellen, die zum Teil aus römischen Ruinen herbeigeschafft wurden. Am 14. Mai wird der hl. Costanzo heute noch gebührend mit Prozession, Festgottesdienst und Jahrmarkt gefeiert. *Tgl. 17–19 Uhr, So nur vormittags*

Santa Maria del Soccorso (109/F 1)
Von diesem eher bescheidenen Kirchlein oberhalb der Ruinen der Tiberius-Villa genießt man einen herrlichen Blick auf den gesamten Golf von Neapel, von der Insel Ischia bis zur Halbinsel von Sorrent. Auf dem Kirchplatz steht eine imposante bronzene Madonna mit Kind des zeitgenössischen Bildhauers Alfiero Nena, ein gut gelungenes Werk moderner Kirchenkunst. Im August 1979 in Rom von Papst Johannes Paul II. gesegnet, wurde die Statue anschließend per Hubschrauber zu ihrem Steinsockel gebracht.

San Michele (U/E 3)
Diese kleine Kapelle in der *Via Tiberio 3* aus dem 14. Jh. befindet sich am Weg zur Tiberius-Villa. Das einfache, schöne Dachgewölbe ist von innen nur Sonntag früh um 8 Uhr zu sehen.

San Salvatore (auch
Santa Teresa genannt) (U/C 4)
Die Kirche, die im 17. Jh. oberhalb einer freistehenden, steilen doppelläufigen Treppe im Barockstil gebaut wurde, hat einen schlichten Innenraum mit Deckenwölbung und eine Fassade bar jeder Dekoration. Schön ist der Blick in Richtung Marina Grande vom Kirchvorplatz.

Kommt man von der Piazzetta aus, liegt der Treppenaufgang linker Hand auf halber Höhe der Via Roma.

Santo Stefano (U/C-D 3)
✦ Die ehemalige Kathedrale und jetzige Pfarrkirche Capris. Mit ihrem weiß getünchten Baukörper und ihren anmutigen Kuppeln byzantinischer Art verleiht das größte Gotteshaus der Stadt (gegen Ende des 17. Jhs. in einem nicht verschnörkelten

ORT CAPRI

Barockstil neu erbaut) der zentralen Piazzetta einen südländischen Charme. Die zu ihr hinaufführenden ☙ Treppen bieten den Touristen einen eindrucksvollen Blick auf die belebten Caféterrassen. Bemerkenswert ist im Kircheninneren der bunte Marmorfußboden vor dem Marienaltar (links vom Hauptaltar), aus Bodenfragmenten der Tiberius-Villa. *Die Öffnungszeiten variieren je nach Jahreszeit. Piazza Umberto I.*

MUSEUM

Diefenbach-Museum (U/D 4)
In den zwei Vorräumen der Kirche im Kartäuserkloster *San Giacomo* hängen riesige Ölbilder des deutschen Spätromantikers Karl Wilhelm Diefenbach (1851 bis 1913). In seiner Studienstadt München als esoterischer Naturapostel verschrien, fand er auf Capri sein zweites Zuhause. Dort hat er auf der Leinwand seinen mystisch-düsteren Traumvisionen freien Lauf gelassen. In einem Nebenraum befinden sich außerdem jene vier Statuen aus der Römerzeit, die man in der Blauen Grotte gefunden hat. *Di bis So 9–14 Uhr*

BARS/CAFÉS

Caffè Caso, Al Piccolo Bar, Bar Tiberio, Gran Caffé (U/C 3)
❁✠ Egal, in welches Sie gehen. Seit eh und je trifft sich hier die halbe Welt und die Halbwelt auf Capri: auf der berühmt-gerühmten *Piazzetta*. Immer voll von Leuten und lebhafter Stimmung.
Im *Caffè Caso* gibt es feinstes Zitronen- oder Erdbeersorbet. Sehr erfrischend im *Al Piccolo:* der Aperitif des Hauses (Ananas- und Grapefruitsaft mit einem Schuss Campari dazu). In der *Bar Tiberio* können Sie zwischen Mandarinen- oder Zitronenkuchen wählen. Im *Gran Caffé* ist die Torta caprese (eine lockere Mandeltorte) wahrlich ein Gedicht. Vorsicht: Auf den Caféterrassen und in den Sälen sind die Preise überall ziemlich gepfeffert – Noblesse oblige! *Tgl. geöffnet, zwischen Juli und September bis tief in die Nacht hinein*

Bar da Alberto (U/C 3)
❁ Hier gibt es den besten Espresso auf der Insel. Er ist so richtig schön kräftig italienisch! Für Nachtbummler: Ab 4 Uhr morgens bietet man hier die ersten ofenwarmen Krapfen und Hörnchen *(bombe e cornetti)* an – im Juli und August sogar rund um die Uhr! *Via Roma 9*

Bar Jovis (109/E 2)
☙ Vor und nach dem Besuch der Villa Jovis des Kaisers Tiberius genießt man die verdiente Verschnaufpause auf der Aussichtsterrasse dieser gepflegten Snackbar. Sperrstunde ist erst dann, wenn auch die letzten Villabesucher angekommen sind. *Di geschl., Via Tiberio 77*

EISDIELE

Buonocore (U/D 3)
Mit Abstand die beste Eisdiele Capris. Das von Nando selbstgemachte Zitroneneis für 3000 Lire ist nicht zu überbieten, weder an Geschmack noch an Menge. Verlangen Sie dazu die *cialda calda* (sprich: tschalda kalda) – ein selbstgedrehtes warmes Hörnchen! *Via Vittorio Emanuele 35*

SELF-SERVICE

Scialapopolo (U/D 3)
✶ Helle Holzwände und -tische, sehr spartanisch und preiswert: die ideale Imbißstube für eilige Gäste. Probieren Sie die sättigende *melanzana alla parmigiana* (eine Art Auberginenauflauf). *Mo geschl., Via Le Botteghe 31, Tel. 08 18 37 02 46*

TEESTUBE

Villa Brunella (U/E 5)
❧ Das Villa Brunella ist nicht nur Hotelrestaurant mit atemberaubendem Meerblick. Auch zum High Tea lockt Signor Vincenzo die Gäste mit vorzüglichen Apfelkuchen hierher. *Via Tragara 24*

RESTAURANTS

*Kategorie 1
(Essen für eine Person, einschließlich Tafelwein, ab etwa 65 000 Lit)*

Ai Bagni di Tiberio (107/F 1)
Ein Traum in Türkis ist das unverfälschte Fischlokal auf Pfählen, direkt am Wasser neben den Ruinen des Palazzo a Mare. Signora Lina empfiehlt köstliche Spaghetti mit Hummer und Rughetta-Salat. *Pendelboot-Service von der Marina Grande, abends geschl., Via Palazzo a Mare 41, Tel. 08 18 37 76 88*

La Cantinella (U/D 4)
❧ Auf der Nobelterrasse sitzen Sie unter den Schirmkiefern mit Blick auf die Faraglioni. Herrlich schmecken die hausgemachten grünen *fettuccine al limone* (Bandnudeln in Zitronensauce). Am Rand der Augustus-Gärten. *Tägl. geöffnet, Viale Matteotti 8, Tel. 08 18 37 06 16*

La Canzone del Mare (U/B 5)
❧ Hier handelt es sich um die exklusivste Badeanstalt auf Capri. Sie ist der In-Treff der mondänen Welt zum Schwimmen und zum Schlemmen. Livrierte Diener servieren am Rand des Swimmingpools (mit Meeresweitblick) alles, wonach es den verwöhnten Gaumen gelüstet. Teuer – dafür aber auch himmlisch. *Abends geschl., Via Marina Piccola 93, Tel. 08 18 37 01 04*

La Capannina (U/D 3)
Mitten im Ortskern liegt dieses bepflanzte Verandarestaurant, einst die unbestrittene Nr. 1. Nach wie vor ein beliebtes Lokal der VIPs – Armani, Mastroianni und Inge Meysel »were also here«. Tipps für Genießer: Vermeiden Sie das Wochenende (mit seiner ungemütlichen Hochkonjunktur!), und bestellen Sie *calamari ripieni* (mit Käse, Eiern und Majoran gefüllte Tintenfische). *Mi geschl., Via Le Botteghe 14, Tel. 08 18 37 07 32*

Capri Moon (U/C 3)
❧ Für alle Romantiker ist dieses stimmungsvolle Abendlokal die richtige Adresse. Eine Farbharmonie in Blau und Weiß. Auf der mehrstufigen Gartenterrasse plätschert ein Springbrunnen vor sich hin. Chef Costanzo empfiehlt Fischspezialitäten und den Risotto *al fumo* (mit geräuchertem Provola-Käse überbacken). Gitarrenmusik im Juli und August. *Mo geschl., Via Provinciale Marina Grande 88 (Direktzugang ab Via Roma über die steile Via Acquaviva), Tel. 08 18 37 79 53*

ORT CAPRI

La Certosella (U/E 4)
Ein wahres Gourmetrestaurant mit Kerzenscheinromantik am Rand des hoteleigenen Swimmingpools. Ideal für laue Hochsommerabende. Der Sohn des Hauses, Luigi, ist tagsüber Küchenchef im Canzone del Mare und kocht wahre Götterspeisen. Wie wär's mit dem Zitronenrisotto? *Tgl. geöffnet, Via Tragara 15, Tel. 08 18 37 07 22*

I Faraglioni (U/D 4)
Man sitzt im Freien unter der 200 Jahre alten Glyzinie und bei idyllischer Tischbeleuchtung. Italienisches Ambiente wie im Bilderbuch. Die *gnocchetti di patate* (Kartoffelnockerln) mit Meeresfrüchten zergehen auf der Zunge. *Mo geschl., Via Camerelle 75, Tel. 08 18 37 03 20*

La Scogliera (U/B 1)
Das Top-Restaurant an der Marina Grande. Bei schönem Wetter sitzt man am beleuchteten Swimmingpool. Bester Service und ebensolche Küche. Am Donnerstag gibt es neapolitanisches Schlemmerbüffet und von Gitarrenmusik begleitete Tarantella-Tänzer. *Tgl. geöffnet, Via Marina Grande, Tel. 08 18 37 61 44*

Kategorie 2
(Essen für eine Person, einschließlich Tafelwein, ab etwa 50 000 Lit)

Aurora (U/D 3)
✶ Beliebter Jugendtreff. Man sitzt auf der Straße und schaut dem bunten Treiben zu. Rustikales Ambiente. Die Wände sind mit Fotos tapeziert (Loriot gehört, neben Alberto Moravia und Valentino, zu den verewigten Stammgästen). Empfehlenswert das reichhaltige Büffet und die Pizza. *Di geschl., Via Fuorlovado 18, Tel. 08 18 37 01 81*

Il Bocciodromo (U/D 3)
✶ Eine ländliche Oase keine fünf Gehminuten von der belebten Via Roma entfernt: verstecktes Gartenlokal unter Birnen- und Mispelbäumen mit Blick auf die Marina Grande. Wer zur Abwechslung Fleisch essen möchte, ist bei Köchin Tittina richtig aufgehoben. Ihre schmackhafte *grigliata di carne* (Mixed Grill) eignet sich besonders für den großen Hunger. Auch tagsüber idyllisch. *Mo geschl., Traversa Lo Palazzo 2, Tel. 08 18 37 74 14*

La Fontelina (U/F 6)
Gehört zu den Spitzenrestaurants auf der Insel. Man badet vor den berühmten Faraglioni und lässt sich danach mit saftigem gegrilltem Fisch unter dem schattigen Strohdach von Pasquale verwöhnen. Unbedingt sollten Sie auch den frischen Pfirsich- oder Erdbeerkuchen probieren! *Abends geschl., Via Faraglioni, Tel. 08 18 37 08 45*

Al Grottino (U/D 3)
Vom Deckengewölbe hängen bauchige Flaschen: eine rustikale, gepflegte Trattoria mit guter Hausmannskost. Nur einen Katzensprung von der Piazzetta entfernt. Leider ohne Aussicht, dafür aber angenehm kühl. Inhaber Gianfranco kümmert sich persönlich um das Wohlergehen seiner Gäste. Der kulinarische Renner: *grottinetti* (gebackene Cannelloni mit Mozzarella und Schinken gefüllt). *Di geschl., Via Longano 27, Tel. 08 18 37 05 84*

Da Luigi (U/F 6)

↙ Bevor man zu den vorgelagerten Faraglioni hinausschwimmt, bestelle man schon für die Rückkehr bei Angela – Luigis Frau – *pennette ai faraglioni* (würzige kleine Nudeln mit Champagner-, Fleisch- und Schinkensoße). Schauen Sie dabei Angela tief in die Augen: Sie sind echt goldfarben! *Abends geschl., Via Faraglioni, Tel. 08 18 37 05 91*

La Palette (U/F 4)

↙ Von diesem Terrassenrestaurant aus liegt einem Capri echt zu Füßen. Verlangen Sie nach den zarten *linguine* (flachen Spaghetti) mit Hummer-Champagner-Creme. *Mi geschl., Via Matermania 36, Tel. 08 18 37 68 29*

Da Paolino (U/A 1)

Capris In-Lokal par excellence! Der prächtige Zitronengarten ist das Werk Paolinos. Heute führt sein Sohn Michelino das duftende Gartenlokal. Zitronengelbe Tischtücher verdecken alte Singer-Nähmaschinen (zu Tischgestellen umfunktioniert). Hier bekommen Sie natürlich auch den besten Zitronenlikör auf der Insel! *Von der Kirche San Costanzo (Marina Grande) aus in Richtung Palazzo a Mare (Wegweiser), nur abends geöffnet, Mi geschl., Via Palazzo a Mare 11, Tel. 08 18 37 61 02*

La Pigna (U/C 4)

↙ Seit 1875 (!) steht dieses urige Verandarestaurant mit Blick auf die Marina Grande hoch im Kurs. Mitten im Raum: ein fast 300 Jahre alter Pinienbaum. Sofia Loren kam 1962 und setzte sich selbst ein kulinarisches Denkmal: Sie schlug mit Schinken, Erbsen und Rahm gratinierte Bandnudeln vor. Das Ergebnis steht heute noch auf der Speisekarte: *fettuccine alla Sofia Loren* (ein wahrhaftig üppiges Mahl!). Tipp: Trinken Sie den trockenen Falanghina-Weißwein dazu. *Via Roma 30 (gegenüber der Nr. 85 führt ein Weg hinunter), Di geschl., Tel. 08 18 37 02 80*

La Savardina (U/E 3)

Ein ländliches Idyll. Im Schatten von Orangen- und Zitronenbäumen erlebt man es beim gesprächsfreudigen, gern sogar auf deutsch fraternisierenden Besitzer Eduardo – eine Institution auf der Insel. Das Öko-Restaurant bietet nur Frischkost aus dem eigenen Bauernhof. Unverzichtbar ist daher die vorzügliche Gemüsesuppe. Tischreservierung empfohlen! *Di geschl., Linksabzweig auf dem Weg zur Tiberius-Villa, Via Lo Capo 8, Tel. 08 18 37 63 00*

La Terrazza (U/D 4)

Ein renoviertes Lokal an der smarten Via Camerelle. Draußen sitzt man unter dem Sternenhimmel und hört der Italomusik aus der Pianobar von nebenan zu. Besonders gut schmecken die Gemüseaufläufe.

Dazu passen die Zitronen im Gartenlokal Da Paolino

ORT CAPRI

Di geschl., Via Camerelle 85, Tel. 08 18 37 66 50

Villa Brunella (U/E 5)

☙ Wer schwindelfrei ist, sollte dieses noble Restaurant auf keinen Fall links liegenlassen. Bestellen Sie rechtzeitig im Voraus einen Tisch auf der »Schauderterrasse«. Der Blick auf die riesigen Felsklippen verschlägt einem den Atem! Für den Gaumen ein Muss: *linguine ai tre colori* (dünne Bandnudeln mit Auberginen, Zucchini und gelben Paprikaschoten). *Tgl. geöffnet, Via Tragara 24, Tel. 08 18 37 01 22*

Kategorie 3
(Essen für eine Person, einschließlich Tafelwein, etwa ab 35 000 Lit)

Buca di Bacco (U/D 3)
Bestellen Sie rechtzeitig den einzigen ☙ Fenstertisch, der einen durchaus hübschen Blick auf die Marina Grande bietet. Ein ausgefallenes Gericht von Köchin Serafina: *fusilli alla capriccio* (Spiralnudeln mit Peperoni). *Mi geschl., Via Longano 35, Tel. 08 18 37 07 23*

CasaNova (U/D 3)
Rosa Tischdecken und türkisfarbene Stühle schmücken dieses gediegene Lokal mitten im Ort. Ein bestens geführter Familienbetrieb mit Hausmannskost, Capreser Spezialitäten und Gastfreundschaft. Leider ohne Ausblick. *Do geschl., Via Le Botteghe 46, Tel. 08 18 37 76 42*

Da Gemma (U/C 3)
☙ Ein riesiges Verandarestaurant mit Blick auf die Marina Grande. Meist proppenvoll, aber nicht ohne Grund. Versuchen Sie es auch im gemütlicheren kleinen Saal gegenüber, neben der Küche, wo der Pizzachef vor dem uralten Backofen seine knusprigen Meisterwerke vollbringt. *Mo geschl., Via Madre Serafina 6, Tel. 08 18 37 04 61*

Da Giorgio (U/C 4)
In dieses eher schlichte Verandarestaurant kommt man vor allem der guten Pizza wegen. Die Einheimischen verlangen auch die hausgemachte Pasta mit Scampi (sie steht nicht auf der Speisekarte!). *Do geschl., Via Roma 34, Tel. 08 18 37 08 98*

Le Grottelle (U/F 4)
☙ Romantischer geht es wohl nicht mehr: Diese bäuerliche Raststätte liegt zum Teil im Inneren einer Felsengrotte. Urig! Man könnte direkt meinen, hier sei alles nach dem prähistorischen Vorbild der Ureinwohner Capris, die ihre Spuren aus der frühen Bronzezeit in der Farngrotte hinterließen. Gekocht wird in der Felsenhöhle, genossen auf einer Aussichtsterrasse zum Meer hin. Besonders bei Vollmond ist es abends hier zum Träumen schön. Probieren Sie die typischen *ravioli alla caprese* (mit Käse und Majoran gefüllt). *Do geschl., Via Arco Naturale 3, Tel. 08 18 37 04 69*

Bar Serena (U/D 3)
Eine sympathische Snackbar mit preiswerter warmer Küche im Brennpunkt des Zentrums. Pizza, Lasagne und das Tagesgericht werden immer schmackhaft zubereitet. Kaffee und Kuchen sind auch nicht ohne. *Via Vittorio Emanuele 19, Tel. 08 18 37 09 66*

Settanni (**U/D 3**)
🌸 Die Fensterplätze sind hier am schönsten – mit Blick auf die Marina Grande. Das schlichte Lokal bei der Piazzetta ist keine Touristenfalle. Vertrauen Sie dem Kellner Antonio. Aufgepasst: Wenn Sie Glück haben und er in Fahrt kommt, überrascht er mit urkomischen Zaubertricks. *Do geschl., Via Longano 5, Tel. 08 18 37 01 05*

Verginiello (**U/C 3**)
🌸 Angenehmes Gartenrestaurant im Ortskern mit Blick auf den Golf von Neapel. Die Pasta macht Küchenchef Gioacchino selber täglich frisch. Der verwöhnte Gaumen merkt wohl den Unterschied. *Mi geschl., Via Lo Palazzo 25, Tel. 08 18 37 09 44*

HOTELS

Luxushotels
(DZ ohne Frühstück ab etwa 330 000 Lit)

Casa Morgano (**U/E 4**)
🌸 Dieses terrassenförmig angelegte Hotel ist rund ums Jahr geöffnet. Pool mit Meer- und Zypressenblick, Sauna und Fitnesscenter. Reichhaltiges Buffetfrühstück. Einige Zimmer, mit Rattanmöbeln geschmackvoll eingerichtet und von Bougainvilleen umrahmt, sind besonders schön. *25 Zi., Via Tragara 6, Tel. 08 18 37 01 58, Fax 08 18 37 06 81*

Palatium (**U/B 2**)
🌸 Dieses elegante Apartmenthotel an der Marina Grande verfügt ausschließlich über Suiten. Einige gehen über zwei Ebenen, eingerichtet sind alle mit modernem Komfort. In den Zimmern 12 und 46 gibt es auch Wände aus dem rohen Fels, in dem das Gebäude nistet. Gastfreundliche und ruhige Atmosphäre. Schöner Meerblick. Ideal für Familien mit Kindern, da jede Suite mit zwei Badezimmern ausgestattet ist. Großer Meerwasser-Swimmingpool. *23 Zi., Via Marina Grande, Tel. 08 18 37 61 44 und 08 18 37 62 62, Fax 08 18 37 61 50*

Punta Tragara (**U/E 5**)
🌸 Ein exklusives Hotel, von Le Corbusier architektonisch mitentworfen. Liegt gegenüber den Faraglioni. Feudale Lobby mit Riesenkamin, gemütliche Zimmer mit märchenhaftem Meerblick. Zwei Meerwasserpools (einer davon geheizt, mit Wassermassage). Man luncht auf der Bussola-Terrasse. Als Tische dienen verglaste Steuerräder von Hochseeschiffen. Für Flitterwochen ein Ambiente zum Träumen. *50 Zi., Via Tragara 57, Tel. 08 18 37 08 44, Fax 08 18 37 77 90*

Grand Hotel Quisisana (**U/D 4**)
🌸 Das Luxushotel schlechthin, mit alter Tradition. Friedrich Alfred Krupp war dort gern gesehener Stammgast. Oscar Wildes Erscheinen mit Freund Alfred Douglas sorgte für einen Eklat. Wenn möglich, dann buchen Sie ein Zimmer im 4. Stock mit Meerblick! Swimmingpool auf der Gartenterrasse und auch ein Hallenbad. Großer Konferenz- und Kinosaal, auch für Kulturveranstaltungen. Seit 1994 bestimmt der namhafte Drei-Sterne-Koch Gualtiero Marchesi als gastronomischer Berater mit seinen exklusiven Rezepten, wo es in der Hotelküche langgehen

ORT CAPRI

Prachtvolle Eleganz mit viel Tradition: das Hotel Quisisana

soll. *143 Zi., Via Camerelle 2, Tel. 08 18 37 07 88, Fax 08 18 37 60 80*

La Scalinatella (U/E 4)
❧ Ein Hotel der Superlative. Sehr elegante Einrichtung, äußerst gepflegt, exzellenter Service, traumhafte Lage mit Meeraussicht. Grandios und doch im Gesamtcharakter sehr intim. Tennisplatz, Swimmingpool mit Whirls. *54 Zi., Via Tragara 10, Tel. 08 18 37 06 33, Fax 08 18 37 82 91*

Villa Brunella (U/E 5)
❧ Ein Hort für Künstler und Ruheliebende. Der Blick auf die Felsen in der Bucht westlich von Tragara ist überwältigend, die Anordnung der stufenweise übereinandergebauten Zimmer in der steilen Gartenanlage sehr malerisch. Die schönsten Zimmer sind Nr. 42, 54 und 55. Sehr komfortable Badezimmer mit Jacuzzi-Wannen. Im Swimmingpool Gegenstromanlage und Whirls. *20 Zi., Via Tragara 24, Tel. 08 18 37 01 22, Fax 08 18 37 04 30*

Kategorie 1
(DZ ohne Frühstück ab etwa 180 000 Lit)

La Certosella (U/E 4)
Nostalgisches altes Hotel mit persönlichem Service – dank dem unermüdlichen Einsatz von Donna Assunta. Am schönsten ist das Zimmer B mit einer romantischen Trauerweide vor dem Balkon. Ein neuer, moderner Flügel ergänzt den Altbau. Pool und Top-Restaurant im Haus. Behindertengerecht. *18 Zi., Via Tragara 15, Tel. 08 18 37 07 13, Fax 08 18 37 61 13*

Flora (U/D 4)
❧ In diesem kuscheligen Hotel dominieren zarte Pastelltöne, Vorhänge, Sofa- und Bettbezüge von Laura Ashley. Schöner Blick auf das Meer und die Kartause. Leuchtend rote Bougainvillea an der Fassade. Ein Geheimtipp! *14 Zi., Via F. Serena 26, Tel. 08 18 37 02 11, Fax 08 18 37 89 49*

Al Gatto Bianco (U/D 4)
Ein Hotel mit Understatement inmitten des Ortskerns. Die ruhigen Zimmer nach hinten im 2. Stock sind zu bevorzugen. Alle Badezimmer sind renoviert. *36 Zi., Via Vittorio Emanuele 32, Tel. 08 18 37 51 43, Fax 08 18 37 02 03*

Luna (U/D 5)
❧ Steil über dem Meer gebaut, liegt dieses Hotel einsam am Rand der Augustus-Gärten. Alle Zimmer mit Terrasse. Die Suiten 205 und 215 eignen sich für die Hochzeitsreise. Von dort genießen Sie einen herrlichem Blick auf die Faraglioni. Besonders einladend die duftende Glyzinien- und Jasminallee sowie

der große Süßwasserpool. *54 Zi., Viale Matteotti, Tel. 08 18 37 04 33, Fax 08 18 37 74 59*

Mamela (**U/D 4**)
🔻 Das 1992 eröffnete Nobelhotel ist eine Ruheoase, zentrumsnah in günstiger Lage, mit Faraglioni-Blick. Alle Zimmer sind geschmackvoll individuell eingerichtet. Tipp: die Doppelzimmer »Superior« mit großem Balkon. Kinder sind nur über fünf Jahre zugelassen und sie dürfen den Swimmingpool nur vormittags benutzen. Behindertengerecht. *42 Zi., Via Campo di Teste 8, Tel. 08 18 37 52 55, Fax 08 18 37 88 65*

La Palma (**U/D 4**)
Ganz zentral. In den meisten Zimmern – mit geräumigen Terrassen – hübsche Keramikböden und zartfarbene Bauernschränke. Sauna im Haus. Auf Wunsch bekommen Sie eine Massage von Glauco – eine Wohltat! Ganzjährig geöffnet. Behindertengerecht. *74 Zi., Via Vittorio Emanuele 39, Tel. 08 18 37 01 33, Fax 08 18 37 69 66*

'a Pazziella (**U/D 3**)
Eine im Zentrum versteckte ruhige Nobelherberge für Privacy-Liebende. Besonders hübsch sind die farbigen Fliesen und schmiedeeisernen Bettgestelle in sämtlichen 20 Zimmern. *Via Fuorlovado 36, Tel. 08 18 37 00 44, Fax 08 18 37 00 85*

Syrene (**U/D 4**)
In dem Familienbetrieb liest man Ihnen jeden Wunsch von den Augen ab. Zimmer 75 und 76 haben eine Riesenterrasse und Meerblick. Ruhiger und kühler sind aber die Zimmer nach hinten. Pool mit Wassermassage. Man luncht unter den Bäumen eines kleinen Zitronengartens. *32 Zi., Via Camerelle 51, Tel. 08 18 37 01 02, Fax 08 18 37 09 57*

Villa San Felice (**U/D 4**)
Zentrale, aber versteckte Lage. Tipptopp geführt und sehr ruhig. Mit Swimmingpool. *30 Zi., Via Li Campi 13, Tel. 08 18 37 61 22, Fax 08 18 37 82 64*

Kategorie 2
(DZ ohne Frühstück ab etwa 130 000 Lit)

Canasta (**U/D 4**)
🔻 Schlichtes, gepflegtes Hotel mit Blick auf Meer und Olivenbäume. Am schönsten sind die Zimmer 24 und 25 mit Riesenbalkonen und Aussicht auf einen der Faraglione. *17 Zi., Via Campo di Teste 6, Tel. 08 18 37 05 61, Fax 08 18 37 66 75*

Florida (**U/D 3**)
Ohne Blick, dafür liegt dieses ruhige Haus aber mittendrin. Für junge Leute, die keine großen Ansprüche stellen. Billardraum und Minigarten. Tennisplätze vor der Tür (nicht zum Hotel gehörend). Behindertengerecht. *18 Zi., Via Fuorlovado 34, Tel. 08 18 37 07 10, Fax 08 18 37 00 42*

La Floridiana (**U/D 4**)
🔻 Gepflegtes, eher schlicht eingerichtetes Hotel in ruhiger Lage. Auf den Balkons und im Verandarestaurant haben Sie Blick aufs Meer. *32 Zi., Via Campo di Teste 16, Tel. 08 18 37 01 66, Fax 08 18 37 04 34*

ORT CAPRI

La Minerva (U/E 4)
🔅 Nostalgisches Hotel mit schönem Meeresblick. Sehr gastfreundlich und gepflegt. Für Privacy-Liebende die richtige Oase. *18 Zi., Via Occhio Marino 8, Tel. 08 18 37 70 67, Fax 08 18 37 52 21*

La Prora (U/C 4)
🔅 Kleines, sauberes Hotel unweit der Piazzetta mit Aussicht auf Marina Grande. Schön auch der Blick auf Capri, den man von den Zimmern Nr. 11 und Nr. 20 genießt. *7 Zi., Via Castello 6, Tel. 08 18 37 02 81*

Villa Certosa (U/D 4)
🔅 Ruhiges, voll renoviertes Hotel mit Swimmingpool nebenan. Blick auf Meer und Olivenhain. Zimmer möglichst im 2. Stock reservieren. Besonders schön ist die bepflanzte Säulenallee. *20 Zi., Via Certosa 12, Tel. 08 18 37 60 00, Fax 08 18 37 00 05*

Villa Krupp (U/D 4)
🔅 Nicht Krupps, sondern früher zeitweilig Gorkis und Lenins Bleibe. Erst 1964 in ein Hotel umgebaut. Schlicht und ruhig, liegt oberhalb der Augustus-Gärten. Prachtvoll ist ein Privat-Belvedere mit Liegestühlen und Blick auf die Faraglioni! Spektakulär auch die Aussicht von Zimmer Nr. 18. *12 Zi., Via Mattotti 12, Tel. 08 18 37 03 62, Fax 08 18 37 64 89*

Villa Sarah (U/E 3)
Umrahmt von Weingärten, ist das Haus ideal für ruheliebende Gäste (Holzschuhe verboten!). Sehr dekorativ ist der blaue Keramikfußboden. *20 Zi., Via Tiberio 3 a, Tel. 08 18 37 78 17, Fax 08 18 37 72 15*

Kategorie 3
(DZ ohne Frühstück bis etwa 150 000 Lit)

Belsito (U/E 3)
🔅 Ein verträumtes, preiswertes Hotel in Hanglage mit schönen alten Fliesen. Auf dem Dach befindet sich ein Solarium. Die Zimmer mit Terrasse und Blick auf den Ort sind zu bevorzugen. Nur mit Halb- oder Vollpension. *13 Zi., Via Matermania 11, Tel. 08 18 37 09 69, Fax 08 18 37 66 22*

La Reginella (U/E 4)
🔅 Liegt hoch oben am Hang, mit Weitblick auf die Felsklippen der Marina Piccola. Hier fühlen sich Künstler zu Hause. Viele Bilder und Bauernschränke sind vom Wiener Hans Paule gemalt bzw. dekoriert. Im Aufenthaltsraum steht eine Büste von Waldemar Bonsel (»Biene Maja«-Autor). Das bescheidene Einzelzimmer Nr. 9 ist mit einem fröhlich stimmenden Fresko geziert. Nur mit Halb- oder Vollpension. *10 Zi., Via Matermania 36, Tel. 08 18 37 05 00, Fax 08 18 37 68 29*

Villa Helios (U/E 3)
Dieses von außen sehr anmutige Hotel wird von polnischen Schwestern geführt. Schwester Eusebia spricht auch deutsch. Spartanische, aber sehr gepflegte Zimmer. Herrlich: die Dachterrasse und ein riesiger Magnolienbaum im Garten. Nur Halb- oder Vollpension. *21 Zi., Via Croce 4, Tel. 08 18 37 02 40*

Villa Luisa (U/E 4)
🔅 In dem etwas spartanischen Haus ist man gut aufgehoben. Auf Zimmerterrassen haben die Gäste Blick auf Kartäuser-

kloster und Faraglioni. Kein Frühstück. *5 Zi., Via D. Birago 1, Tel. 08 18 37 01 28*

FERIENWOHNUNGEN

Capri Servizi Immobiliari, Via Valentino 1, Tel. 08 18 37 78 77, Fax 08 18 37 75 90

SPIEL UND SPORT

Sand gibt es so gut wie keinen. Dafür erschließen sich dem Badefreund rund um die Insel malerische Grotten und Felsbuchten, viele nur per Boot erreichbar. Zu diesen vom Land aus etwas versteckt liegenden Badeplätzen gehört einer für FKK-Fans bei der *Grotta dell'Arsenale* zwischen der Marina Piccola und den Faraglioni.

Es fehlen auch nicht schön gelegene, gepflegte Badeanstalten, die größtenteils sogar vorzügliche Restaurants betreiben.

Badeanstalten

Bagni di Tiberio (**107/F1**): Diese kleine Badeanstalt westlich der Marina Grande ist die älteste auf Capri (über 60 Jahre). Dort liegt man neben den Ruinen der römischen Palazzo-a-Mare-Villa. Glasklares Wasser. Ein urwüchsiges Ambiente mit viel Charme. *Pendelboot-Service von der Marina Grande, Eintritt inkl. Umkleideraum 8000 Lit, Liegestuhl 6000 Lit, Sonnenschirm 5000 Lit, Tel. 08 18 37 07 03*

La Canzone del Mare (**U/B5**): Dieser abgeschirmte Marina-Piccola-Beach-Club hebt sich von allen anderen auf Capri ab. Man merkt es bereits an der Eingangskontrolle. Dort trifft sich die geldschwere Schickeria aus aller Welt. 25 Kellner in weißen Jacketts mit schwarzer Fliege lesen einem unausgesprochene Wünsche von den Augen ab. Man aalt sich am Rand der Meerwasserpools oder springt gleich ins Meer hinein. Diese ruhige Oase ist eine Luxuskreation der englischen Sängerin Gracie Fields aus den 30er Jahren. Nach wie vor first class, wie auch der gleichnamige Gourmettempel. *Eintritt inkl. Liegestuhl und Umkleideraum 25 000 Lit, Luxuskabinen für 3 Pers. mit eigenem Bad, Dusche und Waschbecken zwischen 85 000 und 130 000 Lit (Kinder unter 2 Jahren und Hunde dürfen nicht hinein). Tel. 08 18 37 01 04*

Da Gioia (**U/A5**): Die Badestalt liegt etwas abseits, am Ende der Marina-Piccola-Bucht, an einer Seite von hohen Felsen flankiert. Grober Kieselstrand, glasklares, türkisfarben schimmerndes Wasser. *Eintritt: 7000 Lit, inkl. Liegestuhl: 12 000 Lit. Schlauchbootverleih: 30 000 Lit pro Stunde, Boot mit Begleiter: 100 000 Lit.* Das Restaurant hat auch abends geöffnet (lebende Fische im Bassin). *Tel. 08 18 37 77 02*

Da Luigi und *La Fontelina* (**U/F6**): Gegenüber den zwei aus dem Meer herausragenden Felsenkolossen, an der Landzunge, die zum dritten der Faraglioni hinüberführt, hat man die Wahl zwischen den beiden vorteilhaften Badeplätzen *Da Luigi* und *La Fontelina*. Von dem Belvedere di Tragara aus führt der Fußweg bis zu einer Gabelung steil hinab. Links gelangt man zu *Da Luigi*, einem beliebten Tummelplatz der Italiener. Man liegt dort auf einem großflächigen Felsplateau – die gewaltigen Faraglioni zum Schwimmen nahe. In der Meer-

ORT CAPRI

enge zwischen den Klippen fühlt man sich etwa wie ein badender »Orpheus in der Unterwelt«: ein nicht gerade alltägliches Erlebnis – man achte aber auf die vielen vorbeiflitzenden Motorboote! *Eintritt: 13 000 Lit (mit Umkleideraum und Liegestuhlbenutzung), 15 000 Lit (Liegematratze statt Liegestuhl), 17 000 Lit (noch bequemer: mit Liegebett), 25 000 Lit (dasselbe mit Einzelkabine), Zuschlag für Sonnenschirmmiete: 6000 Lit, Tel. 08 18 37 05 91*

Rechts führt der Weg zu *La Fontelina* hinunter, einer nicht so alteingesessenen Badeanstalt. Dort liegt man auch auf flachen Felsen, doch sind diese von unterschiedlicher Höhe, so daß man etwas mehr Privacy genießen kann. Der Insider-Tipp – auch für Männer, die unter sich bleiben wollen. Außerdem zuvorkommender Service, beste Küche. *Tarife etwa wie bei Da Luigi, Tel. 08 18 37 08 45*

Zur Marina Piccola gibt es, wenn man den steilen Aufstieg nach Tragara scheut, für *3000 Lit* eine Bootsverbindung. Zurück zur Ortsmitte kostet dann die Busfahrkarte *1500 Lit*.

Da Maria e Bagni Internazionali (**U/B 6**): Sie gehören zusammen und bilden die größte Badeanstalt der Marina Piccola. Oft proppenvoll, aber nie eng. *Eintritt inkl. Liegestuhl 15 000 Lit, Ruhebett 15 000 Lit, Kabine 26 000 Lit. Das angeschlossene Restaurant Da Ciro (mit Blick auf die Faraglioni) ist nur tagsüber offen. Tel. 08 18 37 02 64 und 08 18 37 56 48*

Scoglio delle Sirene (**U/A 5–6**): Hier liegt man auf einer schmalen, felsigen Landzunge in der Marina-Piccola-Bucht mit Blick auf die Faraglioni. *Eintritt und Liegestuhl 13 000 Lit, Sonnenschirm 6000 Lit.* Gut ausgerüstete Badeanstalt mit Surfbrett-, Kanu- und Schlauchbootverleih. Auch Wasserskimöglichkeit mit Lehrer. *Tel. 08 18 37 02 21*

Lo Smeraldo und *Le Ondine* (**U/B 1**): Unweit vom Hafen an der Marina Grande befinden sich zwei bescheidene Badeanstalten, Lo Smeraldo und Le Ondine (Letztere hat auch Windsurf- und Schlauchboot-Ablegeregale; *für 8000 Lit*). *Eintritt inkl. Liegestuhl 10 000 Lit, Lo Smeraldo: Tel. 08 18 37 72 12, Le Ondine: Tel. 08 18 37 54 53*

Torre Saracena (**U/B 5**) Neben dem restaurierten Sarazenenturm liegt diese abgeschiedenste Badeanstalt der Marina Piccola unterhalb der Via Krupp. Der Kieselstrand ist dort etwas feiner als anderswo. Wenn man hinausschwimmt, sieht man auch die Faraglioni. Das angenehme Restaurant hat nur tagsüber geöffnet. *Eintritt inkl. Liegestuhl 14 000 Lit, Tel. 08 18 37 06 46*

Sport

Segeln: Der einzige Yachthafen Capris liegt an der *Marina Grande* neben dem Fährhafen. Es gibt 350 Liegeplätze, Süßwasserstellen und Stromanschlüsse. *Tel. 08 18 37 76 02 und 08 18 37 89 50.* Ein Bootsverleih ist ebenfalls vorhanden: *Tel. 08 18 37 56 46 und 08 18 37 58 33*

Tennis: Tennisfans müssen in den *Tennis Yacht Club* gehen. *Via Camerelle 41, Tel. 08 18 37 02 61*

Wandern: Einige Vorschläge für schöne Wanderungen finden Sie unter »Ziele in der Umgebung« auf den Seiten 63–67 und 84–85 sowie in dem Kapitel »Routen auf Capri« ab Seite 86.

Wie überall in Italien ein beliebter Treff: die Piazzetta am Abend

Windsurfen: An der Marina Grande: *Banana-Sport-Windsurfing-Schule* (sie liegt an der Abfahrtsstelle zu den Bagni di Tiberio), *Tel. 08 18 37 70 84.* An der Marina Piccola: *Capri Mare Club, Tel. 08 18 37 02 21*

AM ABEND

Blu Bar (U/D 4)
Diese nüchterne Cafeteria ist ab 9 Uhr abends eine nostalgische Pianobar. Man sitzt auch draußen, auf der Straße, zwischen den flanierenden Nachtbummlern. *Via Camerelle 85*

La Scogliera (U/B 2)
Gemütliche Pianobar im gleichnamigen Restaurant des Hotels Palatium. Softe Klaviertöne erklingen, während die Gäste am Rand des Swimmingpools verträumt den Sternenhimmel anschauen. *Via Marina Grande*

Medj Pub (U/D 3)
♣ Ein preiswerter Imbißtreff für Teens und Twens, bis 3 Uhr in der Früh geöffnet. Modern eingerichtet für Bier- und Pastafans. Preise zwischen 5000 und 15 000 Lit. Gepflegt kühles Bier (19 Sorten zur Auswahl). Das Lokal ist hinter der Santo-Stefano-Kirche versteckt. *Mo geschl., Via Monsignor Carlo Serena 9*

Musmè (U/D 4)
♣ Das frühere »Atmosphere« war mit Abstand die First-Class-In-Disko auf der Insel, seitdem Ira von Fürstenberg dort ihren Geburtstag feierte. Dieser Niveauabstand ist aber leider gemeinsam mit dem alten Namen verschwunden. *Via Camerelle 61 b*

New Pentothal (U/D 4)
♣ Disko und Pianobar für die jüngere Tänzergeneration. Das Ganze ist in grellblaues Licht getaucht. *Via Vittorio Emanuele 45*

Number Two (U/D 4)
♣ Eine heiße Disko für alle Tanzwütigen und Lärmsüchtigen. *Via Camerelle 1*

ORT CAPRI

La Palma Hotel Bar (U/D 4)
Stimmungsvolle Pianobar nicht nur für Hotelgäste. *Via Vittorio Emanuele 39*

Quisi-Bar (U/D 4)
Kleine Pianobar im englischen Pub-Stil neben der grandiosen Lobby des Luxushotels Quisisana. *Via Camerelle 2*

Taverna Anema e Core (U/D 4)
✪ Das In-Lokal schlechthin der Einheimischen, ohne Altersgrenzen. Im urigen Keller sitzt man auf Holzbänken dicht beieinander und schunkelt selbstvergessen im Rhythmus neapolitanischer Schnulzen bei ohrenbetäubender Livemusik. Platzreservierung ratsam, will man nicht lange Schlange stehen. *Via Sella Orta 39 e (am Hotel La Palma)*

Taverna Guarracino (U/C 4)
Rustikales Ambiente mit unterhaltender Gitarrenmusik. *Via Castello 7*

AUSKUNFT

Azienda Autonoma di Cura, Soggiorno e Turismo Ufficio Informazioni
Am Hafen an der Via Marina Grande, Tel. 08 18 37 06 34, Mai bis Sept. Mo–Sa 8–20, Okt.–April Mo–Sa 9–13 und 15.30–18.45 Uhr, So geschl.
Im Ortskern an der Piazza Umberto I 1, Tel. 08 18 37 06 86, Mai bis Sept. Mo–Sa 8–20, So 8.30 bis 14.30, Okt.–April Mo–Sa 9–13 und 15.30–18.45 Uhr, So geschl.
Das Hauptbüro liegt an der Piazzetta Ignazio Cerio 11, Tel. 08 18 37 53 08, Fax 08 18 37 09 18, Mo–Fr 8–15.30 Uhr, Sa–So geschl., www.capri.it oder www.capri net.de

ZIELE IN DER UMGEBUNG

Arco Naturale – Grotta di Matromania – Belvedere di Tragara (109/E 3–D 4)
◆ (etwa zwei Stunden)
Von der Piazzetta aus geht es in Ostrichtung abwärts durch die »Bummelgasse« *Via Le Botteghe.* Dann führen in einer Steigung die *Via Fuorlovado* und die *Via Croce* geradeaus weiter. Achtung bei deren Kreuzung mit der Via Tiberio, die zur Villa Jovis führt. Hier müssen Sie (etwas nach rechts) in die *Via Matromania* abbiegen. Dort wird die Umgebung, nach den bisher fast ununterbrochenen Villenreihen, schon ganz ländlich. Man beachte bei Hausnummer 30 bis 32 rechter Hand einen Garten mit seinen zahlreichen Kakteenarten. Gleich daneben liegt die gemütliche Künstlerpension La Reginella mit dem dazugehörigen Terrassenrestaurant La Palette. Weiter führt dann die *Via Arco Naturale.* Rechts nimmt man auf einem Hügelabhang schön angelegte Wein- und Gemüsegärten wahr, bis hinauf zu den Kiefernhainen auf dem Bergrücken. Jene Bäume wurden, aus Liebe zu Capri, von dem Schriftsteller Norman Douglas gepflanzt. Nun geht der Weg abwärts weiter, und Sie erreichen bald, kurz vor dem Arco Naturale, die urige Gartenkneipe Le Grottelle. 50 Treppenstufen bergabwärts erblicken Sie rechts unterhalb des Wegs, in einem gepflegten Steingarten, das Café Paradiso (nach Verkauf leider geschlossen). Von dort ist der Ausblick aufs Meer geradezu überwältigend. Noch einige Stufen weiter hinuntersteigen, und

schon stehen Sie vor einem »Meisterwerk der Erosion«, dem *Arco Naturale*. Durch diesen natürlichen Felsbogen und andere fensterartige Felsenöffnungen sieht man hinunter auf die smaragdgrüne Meeresbucht. Überall blüht (im Mai und Juni) der goldgelbe, duftende Ginster. Es geht einige Stufen wieder hinauf (zurück zu den erwähnten Lokalen), dann geht es links hinunter durch den Wald (200 enge Stufen) zur *Grotta di Matromania*. Die Lage dieser Kultstätte der alten Römer erinnert in ihrer romantischen Wildheit an die Wolfsschlucht in Webers Oper »Der Freischütz«. Weiter geht's auf dem Waldpfad – treppauf, treppab: zunächst 170 Stufen runter, dann 60 Stufen rechts hinauf, wieder einige Stufen hinunter. Doch die Anstrengung wird mit herrlichen Ausblicken auf die steilen Felsklippen und das Meer reichlich belohnt. Bald erblicken Sie von einem kleinen, lichten Plateau aus die auf dem Massullo-Felskap liegende Villa des italienischen Schriftstellers Curzio Malaparte. Nun wird der (endlich ebene!) Felsweg um den Pizzolungo besonders wildromantisch. Bald ragt eine flach abgerundete Klippe, der Scoglio Monacone, aus dem Wasser – nur von kreischenden Möwenscharen besiedelt. Kurz danach die berühmten drei Faraglioni. Die zum Meer steil hinabstürzenden Felswände sind am Pfad entlang von lauter buntblühenden Wildpflanzen bewachsen: der prächtigste »Steingarten« der Natur, den man sich nur vorstellen kann. In der Nähe, auf der Seeseite des Wegs, kann der aufmerksame Beobachter mit etwas

Phantasie in einem imposanten Felsen das Abbild eines Löwen erkennen. Den Faraglioni gegenüber, an der rechten Wegseite, taucht dann die renovierte, weiß getünchte Villa Monacone *(Via Pizzolungo 9)* auf. Dort verbrachte Monika Mann, die Tochter des Schriftstellers Thomas Mann, 30 glückliche Jahre mit ihrem treuen Gefährten, dem Fischer Antonio – bis zu dessen Tod. Es sind jetzt nur noch wenige Schritte bis zum Endziel dieser erlebnisreichen Wanderung, dem ✹ *Belvedere di Tragara*: großartig der Blick auf die in fast greifbarer Nähe aus dem Meer ragenden Faraglioni. Der Weg führt dann über die Via Tragara zurück zur Piazzetta. Wer nur kurz auf Capri weilt, aber über eine gute Kondition verfügt, kann zwei Wanderungen gelassen miteinander verbinden: vom Belvedere di Tragara aus bis zum Arco Naturale, dann die Via Matromania zurück bis zur Kreuzung *Via Croce/Via Tiberio*. Neben dem Supermarkt führt letzterer Weg dann hinauf bis zur Villa Jovis (insgesamt etwa 3 Stunden).

Belvedere Punta Cannone – Castiglione – Marina Piccola (U/B–C 4–5)
(etwa 1 Stunde bis zur Marina Piccola)
Von der *Piazzetta* aus führen Stufen an der Kirche Santo Stefano vorbei rechts in den Bogengang der *Via Madre Serafina* (benannt nach der frommen Nonne Suor Serafina di Dio, deren Andenken in der Inseltradition seit dem 17. Jh. bewahrt wird als das einer wundertätigen Heiligen, obwohl sie nie selig gesprochen wurde).

ORT CAPRI

Diese mündet in die steile *Via Castello* ein, wo in der Villa Mura (Hausnummer 12) für einige Zeit Prinzessin Mafalda di Savoia lebte. Sie war eine Schwester des letzten Königs von Italien, Umberto, und durch ihre Ehe Markgräfin von Hessen. Eine Gedenktafel unterhalb des Familienwappens erinnert an das tragische Schicksal der Unglücklichen (Sie ist 1944 im KZ Buchenwald gestorben). Villen reihen sich an Villen den Berghang hinauf bis zum ↙ *Belvedere Punta Cannone.* Von dieser Aussichtsterrasse aus hat man den schönsten Blick auf die Marina Piccola. Links im Blickfeld: die Faraglioni und die Kartause von San Giacomo. Es geht wieder den gleichen Weg zurück, bis zur ersten Abzweigung nach links. Das Verbotsschild *Privato!* zeigt an, dass man hier nicht weiter hinaufsteigen darf, um den oben auf dem Hügel stehenden *Castiglione* zu besichtigen. Diese Burg wurde nach dem letzten Weltkrieg in ein luxuriöses Apartmenthaus umgewandelt, mit einmaliger Aussicht aufs Meer. Etwas unterhalb der Burg liegt die Villa Ciano, die der ehemalige Außenminister und Schwiegersohn Mussolinis samt der dort hinführenden Autostraße bauen ließ. Diese wählt man, um rechts bis zum Hotel Capri hinunterzugehen. Links kommt man zur verkehrsreichen ↙ Kreuzung *Due Golfi,* von wo aus gleichzeitig der Golf von Neapel und jener von Salerno sichtbar werden. Pavel Kohout, der tschechische Schriftsteller, nennt diese Stelle zutreffend die »Taille« Capris. Unmittelbar nach der Überquerung der Brücke führen einige Stufen in die *Via Mulo* (eine der elegantesten Wohngegenden in Capri) hinunter. Auf halber Strecke zur Marina Piccola führt hinter einem grünem Gitter eine Treppe zur Villa Pierina (Hausnummer 26). Von hohen Eukalyptusbäumen und mediterranen Schirmkiefern umgeben, steht das Haus im Garten. Von Februar 1911 bis Dezember 1913 lebte dort der russische Schriftsteller Maxim Gorki mit Maria Fjodorowna Andrejewa, wie es auf der Gedenktafel zu lesen ist (Privatbesitz, 1927 von Salvatore De Martino restauriert). Im selben Jahr wurde auch die benachbarte Casa Solatia renoviert, wo Gorki sein Arbeitsstudio hatte. Noch heute steht darin der zur damaligen Zeit gemauerte Kamin mit seinen russische Folkloremotive zeigenden Fayencekacheln. Weiter abwärts erreicht man schließlich die Bucht *Marina Piccola* mit ihren malerisch zwischen Felsen gelegenen Badeanstalten. Zeit für eine Schwimmrunde. Zurück geht es leichter mit dem Bus, von der *Kirche San Andrea* bis zur *Via Roma*.

Belvedere des Monte Tuoro (109/D 4)

↙ (262 m, etwa 40 Minuten) Gegenüber dem Hotel La Scalinatella *(Via Tragara 10)* steigt eine Treppe bis zur *Via Tuoro* hinauf. An zahlreichen Gewächshäusern vorbei führt die ansehnliche Villenstraße nach rechts zu einem hoch gelegenen Aussichtspunkt mit Blick auf die Faraglioni (rechts unten sieht man die Solariumterrasse des Hotels Punta Tragara). Wem es noch nicht hoch genug ist, kann weitere, von Pinien gesäumte Stufen hinaufsteigen. Nach der *Via Tuoro 45* entdeckt man rechts einen noch schöneren, in die wilde Naturlandschaft eingebetteten Aussichtspunkt. Wie aus der Vogelperspektive schaut man tief in die smaragdgrüne Faraglioni-Bucht hinunter. Das Meer liegt einem zu Füßen. (Dieser Spazierweg – zur Zeit streckenweise ohne Brüstung – ist für kleinere Kinder nicht geeignet.)

Der Passatiello-Wanderweg: Capri, Due Golfi – Santa Maria a Cetrella – Anginola – Capri, Due Golfi (108/A 3, 107/F 3–4)
❇ (Nur für geübte Wanderer in sehr guter Kondition! Höhenunterschied: 350 m, Dauer: 2½ Std., Trinkwasser mitnehmen!)

Gleich nach der *Due-Golfi-Kreuzung* die *Via Marina Piccola* einschlagen und von dort in die *Via Torina* einbiegen. Diese ist rechts die erste Nebenstraße, und sie führt mit ihren Serpentinen immer höher hinauf, bis man die Marina Grande erblickt. Bei der Linksabzweigung (rote Markierung beachten!) schnurstracks dem Pfad in Richtung Felsenwand folgen, aufwärts. Er ist rechter Hand von einem Drahtzaun gesäumt. Drei rote Punkte markieren die Stellen, von wo aus man nur noch im Gänsemarsch gehen kann. Sobald die Felsenwand zum Greifen nahe ist, biegt man scharf nach links ein und geht längs an ihr vorbei, weiter aufwärts (die roten Markierungen und die stellenweise angebrachten blauen Majolika-Hinweisschilder nie aus den Augen verlieren!). Ab jetzt scheinen die Felsstufen noch steiler zu werden. Sie führen erbarmungslos immer weiter nach oben, bis man nach einem 1 m hohen Felsblock endlich aus dem Walddickicht heraus ist und plötzlich ganz Capri, die Faraglioni und die Marina Piccola samt der kleinen Halbinsel der Sirenen erblickt. Zwischen Macchia und Ginstergebüsch schlängelt sich der anstrengende Pfad weiter hinauf. Der einmalige Blick entschädigt aber für jegliche Mühsal. Ganz oben, auf dem Berggrat, führen ein paar Schritte nach rechts zu einer Felsenspitze, die eine prachtvolle Aussicht auf die Marina Grande und die Marina Piccola bietet. Geht man hingegen nach links den Weg entlang, so erreicht man das einsame Kirchlein *Santa Maria a Cetrella*. Die erste Sitzgelegenheit bietet in deren Nähe ein kleiner Pavillon, der ursprünglich zu der von Schweden errichteten Sternwarte (heute verwahrlost) gehört hatte. Von hier aus führt der linke Weg zum Monte Solaro hinauf, der mittlere hinunter zur Villa San Michele. Geübte Wanderer können den rechten Waldweg nehmen, bis sie am äußersten Ende des Berggrats wieder die Marina Grande erblicken. Dann wird's erst richtig abenteuerlich: Etwas rechts sieht man dicht vor seinen Fußspitzen einen steil nach unten abfallenden Felsblock. Mit Hilfe einer zum Festhalten angebrachten Eisenkette steigt man in der Felswand vorsichtig hinab. Wenn man diesen mühsamen Abschnitt (im Volksmund *Anginola* genannt) heil hinter sich gebracht hat, führt ein im Waldweg – linksseitig bald von einem Drahtzaun gesäumt – wieder zurück zur bekannten Strecke, die man anfangs zum Hochsteigen gewählt hatte.

ORT CAPRI

Villa Jovis
(Tiberius-Villa) (109/E 3)

🔸 (etwa zwei Stunden)
Von der *Piazzetta* aus geht man die arkadenreiche *Via Longano* entlang. An der Ecke *Via Sopramonte* steht ein rotes Haus, die berühmte Casa Rossa. Man biegt dort rechts in die *Via Sopramonte* ein und folgt ihr bis zur Kreuzung *Via Croce/Via Tiberio.* Vor dem *Superette-Markt*, linksseitig, schlägt man den etwas steilen Weg *Via Tiberio* ein, geht an der kleinen Kirche *San Michele* vorbei, bestaunt die riesige, formschön gewachsene Schirmkiefer, die im Garten der Privatvilla La Monetella steht, und genießt die wunderschöne Landschaft. Monetella und Moneta heißen die beiden Ortsteile dieser ländlichen Gegend. Es gedeihen dort Olivenbäume, Kakteen, Glyzinien und die buntesten Wiesenblumen in Hülle und Fülle. Man schaue durch das kleine Gittertor der Casa Moneta (Hausnummer 32): Ein romantischer Säulengang führt zu ihrem Eingang. Ein paar Schritte weiter, schräg gegenüber: die gelbweiße Villa La Schiava (Nr. 37) und La Camarella (Nr. 41), beide mit schönen Laubengängen. Es folgen viele in den Weingärten verstreut liegende Bauernhäuser. Kurz nach der Nr. 51 (gegenüber gibt es eine gepflegte öffentliche Toilette und auch eine Telefonzelle) gabelt sich die Straße: Links heißt sie *Via Lo Capo* (diese führt zur Gartentaverne La Savardina); wenn man dort weitergeht und nach der Nr. 41 rechts einbiegt, kommt man zur versteckten Art-déco-Villa Lysis des Barons Fersen hinauf. Intakt sind nur noch im ersten Stock ein geblümter Kachelboden und ein WC mit Schmetterlingsmotiven. Es ist allerdings leider kaum möglich, eine Erlaubnis zur Besichtigung dieses in der Skandalchronik berühmt gewordenen Baus in dem romantisch verwilderten Garten zu erhalten. Ein Eigentümerwechsel dürfte die an der Hauptfassade eingeleitete Restaurierungsarbeit fördern.

Der letzte Abschnitt der *Via Tiberio* führt – wenn man bergaufwärts nach rechts weitermarschiert – tatsächlich zu den Ruinen des Tiberius-Palasts Villa Jovis hinauf. Gleich nach der Gabelung kommt man noch an dem links gelegenen kleinen Denkmal der »schönen Carmelina« vorbei, einer legendär gewordenen Volkssängerin und Tänzerin, die auch Norman Douglas schätzte und häufig in der Taverne Da Augusto a Tiberio aufsuchte.

Inselrundfahrt mit Motorboot

🔸 Die Rundfahrt ist ein Muss für jeden aufgeschlossenen Capri- und Anacapri-Urlauber. Die Fahrt geht gen Westen, Richtung *Blaue Grotte.* Nach der Vorbeifahrt an einigen Badeanstalten (etwa *Bagni di Tiberio*) ist die *Grotta Azzurra* die erste Etappe für einen Halt. Etwas darüber liegen, in Felsennischen, das Fischrestaurant *Add'ò Riccio* und die Badeanstalt *Bagni di Nettuno,* von wo aus eine stabile Metallleiter direkt ins Meer hinunterführt. Vom Boot aus erblickt man noch kurz den Turm von Damecuta, *Torre Damecuta,* und die Autostraße (Via Grotta Azzurra, die von Anacapri hinunterführt), bevor die *Punta dell'Ar-*

cera umschifft wird. Nun fällt die Küste südwärts immer flacher ab. Die Fortsetzung der Westseite der Insel entschädigt dafür mit ihrer Hochebene, wo es überall grünt und mit den bunten Farben der Wiesenblumen prangt. Neben dem Leuchtturm *Faro* der *Punta Carena* sehen wir die in Felsen eingebettete Badeanstalt *Lido del Faro,* zu der aus Anacapri die Autostraße *Via Nuova del Faro* hinunterführt. Nach diesem äußersten Südwestzipfel der Insel wird die Vegetation karg. Die Tufffelsen sehen zunehmend schwammähnlich porös aus. Man fährt vorbei an einer Höhlengruppe, im Volksmund zutreffend *Grotte degli Spaghetti* genannt, wegen der unzähligen dünnen Stalaktiten, die herunterhängen wie Spaghetti von einer großen Gabel. Es folgt dann die *Grotta della Candela* (Kerzengrotte) hinter einer tiefen Schlucht, durch die man den kerzenförmigen großen Tropfstein erblicken kann. Unterhalb des hoch gelegenen *Belvedere della Migliara* kommt das Boot bei der *Grotta dei Santi* an. Diese wird Heiligengrotte genannt, weil darin die Felsformationen verblüffend einer liegenden, von Heiligen umgebenen Madonnenstatue ähneln. Unter dem engen Felsenbogen der *Grotta dello Smeraldo* (Smaragdgrotte) fährt man durch, um auch dort den Zauber des, ähnlich wie in der *Grotta Azzurra,* farbig schimmernden Küstengewässers zu bewundern. Dann vorbei an der *Grotta del Tuono* (Donnergrotte), in der bei hoher See die Wellen tosend gegen die Felswand schlagen. Bald erreicht man dann die hufeisenförmige *Grotta Verde.* Dort fühlt man sich wie in der Welt des Hades: Von unten schimmert das Wasser türkisgrün auf. Weiter geht es um die *Punta Ventroso* zu einer sehr beliebten Badebucht, die man überhaupt nur per Boot erreichen kann: *Cala Ventroso. Punta di Terita* und *Punta di Mulo* sind die weiteren Landspitzen, an denen man vorbeifährt, bevor die Badebuchten an beiden Seiten der felsigen Halbinsel *Scoglio delle Sirene* (Sirenenklippe) auftauchen. Zwischen Marina Piccola und Belvedere di Tragara befindet sich die großräumige *Grotta dell'Arsenale.* Dort wurden 1879 unter dem Felsengewölbe Reste eines Marmorfußbodens und Mosaikfragmente aus römischer Zeit entdeckt. Man fährt in der Meerenge zwischen der *Grotta Oscura* (Dunkle Grotte) und der aus dem Wasser ragenden Klip-

---

Sonnenuntergang auf Capri

Die Sonne versinkt langsam im Meer, bei klarem Wetter hinter der Silhouette von Ischia. Der Horizont färbt sich rötlich-golden, seine Pastellfarben spiegeln sich in den Wasserfluten wider. Auf Capri ein ganz besonderes Erlebnis! Am spektakulärsten ist der Blick vom Gipfel des *Monte Solaro* aus, aber auch an der Mauerbrüstung dicht unterhalb der *Villa S. Michele,* auf der Aussichtsterrasse des Hotels *Caesar Augustus* und von den Felsen der *Punta Carena* aus, am äußersten Südwestzipfel der Insel, ist er hinreißend.

ORT CAPRI

pe *Unghia Marina* (Meeresfingernagel) durch, an weiteren Höhlen vorbei (alle 65 Grotten und Höhlen der Insel kann man weder aufzählen noch besichtigen), bevor die drei so oft zitierten *Faraglioni* bei Tragara erreicht werden. Besonders eindrucksvoll ist die Durchfahrt zwischen den Klippen und durch den tunnelartigen Felsenbogen: Unten schimmert das fast unbewegte Wasser helltürkisfarben auf, oben ragen an beiden Seiten des Bootes die erdrückend steilen, düsteren Felswände hoch. Bald nach dem *Monacone-Felsen* erblicken Sie links schon das rote Haus des Schriftstellers Malaparte auf der felsigen *Massullo-Landspitze.* Auch von unten, aus der Froschperspektive gesehen, verfehlt die Villa nicht ihre Wirkung dank ihrer originellen Form und Lage, besonders aber der malerischen Farbharmonie (Rot, Grün, Blau) von Bau und Umgebung. Das gleiche kann man vom *Arco Naturale* nicht behaupten: Der vom Meer aus sichtbare obere Teil dieses Felsenbogens ähnelt amüsanterweise eher einem Elefantenkopf mit Rüssel. Am Ende der lang gedehnten Bucht *Cala di Matromania* fährt man an der Klippe *Faraglione di Matromania* vorbei und erreicht dann die leuchtend weiße und schöne *Grotta Bianca.*

Von dort führen Stufen zur nahegelegenen *Grotta Meravigliosa* (Wunderbare Grotte) hinauf. Rechts, hinter der Brüstung, bietet sich ein weißer Stalagmit zum Bestaunen an: Er ähnelt einer Muttergottes-Statue, wenn die Beleuchtung mitspielt. Und nun ein ==Geheimtipp:== Wenn der Bootsfahrer Lust und Möglichkeit dazu hat (abhängig von Seegang und Licht), so zeigt er in nächster Küstennähe auch noch die *Grotta del Corallo,* nach den dicht unter der Wasseroberfläche rötlich aufschimmernden Korallenbänken so benannt. Nun werden die Felsen gewaltig schroff und hoch – ähnlich einer Dolomitenlandschaft: Sie sind bei dem berüchtigten *Salto di Tiberio* angelangt. Vorbei am Leuchtturm und dann Wendung nach links, in Westrichtung, bei der nördlichsten Inselspitze *Punta del Capo*: Auf einem kleinen Felsen im Meer sitzt dort ein Jüngling aus Bronze. Mit einer grüßenden Gebärde soll er die aus Richtung Neapel oder Sorrent Capri ansteuernden Besucher freundlich empfangen. Ein Zeichen der Gastfreundschaft – bedeutet es aber auch, dass die erlebnisreiche Rundfahrt schon zu Ende geht? Bevor man sich dessen gewahr wird, taucht vor den Augen bereits die Hafenmole der Marina Grande auf. (Bei klarem Wetter kann man während der Rundfahrt – immer zur rechten Hand – die *Bucht von Neapel* im Norden, die Inseln *Procida* und *Ischia* im Nordwesten sowie die im Nordosten nur 5 km von Capri entfernte Halbinsel von *Sorrent* vom Boot aus gut wahrnehmen.)

Startort: Hafenmole an der Marina Grande, Fahrtdauer: etwa 2 Std., beste Uhrzeit: 9 Uhr morgens, Preis: 19 000 Lit, plus 700 Lit an Sonn- und Feiertagen. Die Ausflugsboote können 20–60 Passagiere aufnehmen, und sie sind rund ums Jahr im Einsatz, wenn Wetter und Meergang es zulassen. Außerhalb der Sommersaison fährt man nur mit mindestens zwölf Passagieren ab, sonst sind die Boote ohnehin stets zum Bersten voll.

ANACAPRI

An den Hängen des Monte Solaro

Die kleine, charmante Schwester der Hauptstadt hat ihren eigenen, noch ländlichen Reiz

Nach Anacapri (275 m), dem zweiten, höher gelegenen Ort der Insel, winden sich Busse über die kurvenreiche und steile Landstraße hinauf. Dieses 5250-Seelen-Dorf breitet sich von den Hängen des Monte Solaro (589 m) noch mehr aus als seine bekanntere »Schwester« Capri. Hier erscheinen die Häuserkuben, vom Gipfel des Bergs aus gesehen, als wären sie bis zum Meer hingesprenkelte Schneetupfer. Abgesehen von der sich sehr kommerziell gebenden Via Capodimonte, die zu Axel Munthes Villa San Michele führt, zeigt sich Anacapri noch sehr ländlich, kein bisschen mondän. Einen ganz besonderen Charme strahlt das etwas versteckte, alte Viertel Le Boffe aus mit seinen verwinkelten Gassen und lauschigen Plätzchen.

Wie in Capri-Ort, so verbergen sich auch hinter den sanften Hügeln Anacapris jäh senkrecht ins Meer abfallende Riesenklippen. Auch hierfür gilt die Kontrastbezeichnung von Ferdinand Gregorovius: »Fürchterliches und Liebliches«.

Nicht nur die krassen Gegensätze im Erscheinungsbild der Natur, auch jene zwischen den beiden Inselorten Anacapri und Capri, die schon seit Menschengedenken miteinander in Fehde leben, sind charakteristisch für die Insel. Ursache ist das, was heutzutage als Konkurrenzkampf bezeichnet wird. Noch bevor der Tourismus einsetzte, war das kleine, vom Meer umgebene Fleckchen Erde überbevölkert. Fast 1000 Einwohner pro Quadratkilometer waren zuviel für den geringen Anteil fruchtbaren Bodens im Umkreis der beiden Ortschaften. Kein Wunder also, wenn es ständig Auseinandersetzungen zwischen den Orten gab, etwa um die Weiderechte für die seinerzeit lebenswichtigen Rinder, Schweine und Ziegen. Dass die Frauen der Bewohner von Anacapri Annäherungsversuchen der Capresen ausgesetzt gewesen seien, während ihre Männer als Zimmerleute in der Werftindustrie

Santa Sofia, die hübsche, reich verzierte Pfarrkirche im Zentrum von Anacapri

von Neapel arbeiteten, ist ein seit dem Mittelalter nicht mehr verstummendes Gerücht. Jedenfalls ist für die streithafte Einstellung der Leute von Anacapri etwas ganz typisch: ihre Neigung, freistehende Steinmauern so zu errichten, dass sie den Nachbarn die schöne Aussicht vermasseln. *Muri di dispetto,* Mauern der Boshaftigkeit, nennt man im Volksmund diese Bauten des Ärgernisses. Heute besteht der Konkurrenzkampf zwischen Anacapri und Capri hauptsächlich darin, dass man bemüht ist, sich die Gäste gegenseitig abspenstig zu machen. Argumente gibt es dafür immer, denn je nach Geschmack, Einstellung und Erwartung mag der Besucher Anacapri oder Capri für den schönsten Fleck auf der Insel halten. Für den Touristen bringt der Wettstreit nur Vorteile. In beiden Ortschaften ist man mit großem persönlichem Einsatz bestrebt, dem Gast möglichst viele Wünsche zu erfüllen.

Wer auf Mondänität, Auffälligkeit und Snob-Appeal während seines Urlaubsaufenthalts gern verzichtet, dem mag Anacapri mit seiner schlichteren Atmosphäre vermutlich mehr entsprechen. Das Meer liegt zwar etwas weiter entfernt, ist aber auch aus der Ferne nicht minder beeindruckend schön, und der höchste Berggipfel der Insel liegt näher bei Anacapri. Der heilige Antonius, der Schutzpatron von Anacapri, konkurriert bei der großen Prozession anlässlich seines Patronatsfests am 13. Juni würdig mit seinem Capreser »Amtskollegen« San Costanzo.

Die schönste Kirche Anacapris ist allerdings dem Erzengel Michael gewidmet. Der berühmte neapolitanische Architekt Vaccaro vollzog auch in diesem um 1719 fertiggestellten Bauwerk manchen in die Zukunft weisenden Schritt, der vom Barock bereits Richtung Rokoko tendierte. Dem achteckigen, von einer Kuppel bekrönten Hauptraum schließen sich in Kreuzform vier rechteckige Nebenräume mit abgerundeten Ecken an, die als Vestibül und Presbyterium beziehungsweise als Nebenapsiden dienen. Quer, einander gegenüber liegen vier Nebenaltäre, die im Grundriss die Form eines Andreaskreuzes ergeben. Die zentrale achteckige Boden-

MARCO POLO TIPPS FÜR ANACAPRI

1 Blaue Grotte (Grotta Azzurra)
Schlange stehen, dann »Hinlegen« für den berühmtesten Schimmer der Welt (Seite 77)

2 Santa Maria a Cetrella
Für poetische Gemüter ein Muss (Seite 79)

3 Monte Solaro (589 m)
Ein Stück unberührte Natur, mit dem Sessellift erschlossen – Hochsitz mit großartigem Rundblick auf Küsten und Meer (Seite 78)

4 Villa San Michele
Kunst & Kuriosa zu Hause bei Axel Munthe (Seite 80)

ANACAPRI

fläche, die man am besten von der Orgelempore aus mit einem Blick erfassen kann, bietet eine Sehenswürdigkeit besonderer Art. »Paradiso terrestre« (Das irdische Paradies) heißt das flächendeckende, in seiner Farbenpracht gut erhaltene Majolikabild des Meisters Leonardo Chiajese, 1761 nach dem Entwurf von Solimena geschaffen. Mit einer naiv anmutenden, ansprechenden realistischen Darstellung, die in ihrer Art auch als Gobelin-Wandteppich ihre Wirkung nicht verfehlen würde, werden der Zustand der paradiesischen Unschuld und der Zusammenbruch dieser Harmonie durch die Vertreibung des ersten Menschenpaars nach dem Sündenfall vor Augen geführt. Die Einheit von Kosmos und Erde wird im Hintergrund mit dem sternenbestückten tiefblauen Himmel, an dem weder Sonne noch Mond fehlen, und dem davor hochragenden Lebensbaum angedeutet.

Unter den aus dem Laub herausschimmernden Äpfeln lauert aber schon die Schlange. Eine idyllische Friedensatmosphäre umgibt die an einem poetisch anmutenden Teich versammelten, freundlich dreinblickenden Tiere und Vögel. Die Vorliebe des Künstlers galt den exotischen Schöpfungen. Elefant, Kamel und Löwe sind vertreten, aber dominierend ist die majestätische Figur des legendären weißen Einhorns. Der Sündenfall selbst ist nicht zu sehen, und die Vertreibungsszene ist bar jeder Dramatik. Dem Temperament des Künstlers lagen wohl das Idyll und die Natürlichkeit der Darstellung näher. Das Drama der Vertreibung liest der Betrachter eigentlich nur in den missbilligenden, traurigen Blicken der ihn im Vordergrund anschauenden Tiere.

Wer nach Anacapri kommt, sollte unter keinen Umständen versäumen, sich in dieses wahrhaftig paradiesische Bild hineinzusehen. Er wird darin ein Abbild jenes Gartens Eden erkennen, den er in Anacapri im Schoß der dortigen traumhaften Natur erlebt.

En miniature, quasi als Zusammenfassung, finden wir dieses Milieu im Garten der berühmten *Villa San Michele* wieder. Kaum ein Besucher von Anacapri versäumt es, diese Stätte aufzusuchen. Man pilgert dorthin, als handele es sich um einen heiligen Ort. Das vom schwedischen Arzt Axel Munthe geschriebene Werk »Das Buch von San Michele« ist sozusagen eine Art Heiligenlegende geworden, jedenfalls wurde daraus einer der in aller Welt am meisten gelesenen Bestseller. Wer war dieser Axel Munthe? Ein Alleskönner, der die Phantasie seiner Bewunderer zu erregen verstand. Da war einmal der Ruf, er besitze außergewöhnliche Heilfähigkeiten. Das trieb ihm schon in seiner ersten gynäkologischen Praxis in Paris die Kundinnen zu. Aber Munthe war auch vielseitig: Er beschäftigte sich mit Hypnose, später mit Nervenkrankheiten. Er engagierte sich gegen Tierversuche ebenso, wie er auf der anderen Seite zur Stelle war, wenn es galt, Hilfe bei Katastrophen zu leisten. So sah man ihn in den Notlazaretten nach dem Erdbeben von Messina wie auch in einem briti-

Die Residenz des Capri-Liebhabers Axel Munthe: Villa San Michele

schen Feldlazarett, um den Opfern des ersten Gasangriffs im Ersten Weltkrieg an der Westfront zu helfen. Aber der Philanthrop war auch Leibarzt des schwedischen Königs und betrieb eine mondäne Praxis in Rom. Er war bereits ein steinreicher Mann, ehe er sich hinsetzte und seinen Bestseller schrieb. Das an sich eher bescheidene, aber dank Ausblick und Garten sehr malerisch gelegene Haus wurde auf den kargen Überresten einer der Kaiser Augustus zugeschriebenen Villen errichtet. Überragt wird die am Ende seines Gartens in Meeresrichtung gelegene kleine Kapelle (dem Erzengel Michael gewidmet) von der Ruine einer Festung, die einige als die Trutzburg von Anacapri bezeichnen. Heute trägt sie den Namen Barbarossa, allerdings nicht nach dem deutschen Kaiser Friedrich Barbarossa, sondern nach dem Korsarenführer Cheireddin Baba Urug (auch er trug einen imposanten roten Bart), der mit seinen Sarazenenscharen 1534–35 auf der Insel wütete und die Festung nach gründlicher Plünderung zerstört hinter sich ließ. Man darf getrost den schauerlichen Ereignissen der Lokalgeschichte und den philanthropischen Neigungen des in Anacapri vernarrten Sonderlings ein paar Gedanken widmen, wenn man bei Sonnenuntergang von der Balustrade der Villa aus die rotblaue Farbenpracht am Horizont, in Richtung Ischia, bewundert.

Ganz in der Nachbarschaft der Munthe-Residenz erinnert eine Gedenktafel an einem herrschaftlichen Palast daran, dass hier einst der weltberühmte Pianist und Komponist Franz Liszt während seines Aufenthalts in Anacapri wohnte. Heute herrscht auf der Promenade, die von der Bushaltestelle im Zentrum des modernen Anacapri zu den genannten Villen führt, ein lärmendes, lebhaftes Touristentreiben, denn dort findet man die Souvenirläden, die ihre Ware marktschreierischer anbieten, als das in Capri geschieht.

❦ Man braucht nur wenige Schritte bis zum Sessellift zu gehen, um dem Trubel zu entkommen. Sogleich schwebt man – unter dem azurblauen Himmel und mit einer atemberaubenden Aussicht aufs tief unten schimmernde Meer – über Wein-, Obst- und Gemüsegärten, Kuppeldächern von weiß getünchten Bauernhäusern, Villen, Olivenhainen, farbenfroh blühendem Gebüsch, hinauf zum Monte Solaro, dem höchsten Gipfel der Insel. Wer Lust und Kraft hat, kann den Monte Solaro auch zu Fuß, auf einem

ANACAPRI

nur stellenweise steilen und holprigen Pfad, bewältigen. Botanikbegeisterte Fußgänger werden sich besonders freuen, wenn sie nicht aus der Vogelperspektive der Schwebebahn, sondern aus unmittelbarer Nähe die reiche Pflanzenpracht wahrnehmen können. Auf dem Monte Solaro gibt es sogar violettfarbene, wilde Orchideen. Sie blühen im Mai/Juni. Harmonisch passen zu ihnen die wilden Lilien mit ihren orangefarbenen Kelchen, die sich ebenfalls vor Ende Juni auftun, und zwar an der Schattenseite des Bergabhangs. Das Blumenmuster wird komplettiert durch himmelblaue Glockenblumen und das strahlende Goldgelb des Ginsters. Unter den Steineichen und Johannisbrotbäumen wachsen Erika und Myrte. Überall stößt man auf den Feigenkaktus und die Mispel. Verkohlte Baumstämme und Büsche erinnern hie und da noch an die 1994 entstandenen Brandschäden.

Auf dem Gebiet Anacapris befinden sich – mit guten Wegverbindungen – in der westlichen Hälfte der Insel, also von Capri durch das Massiv des Monte Solaro getrennt, einige der Top-Sehenswürdigkeiten, mit denen sich dieses Fleckchen Erde schmückt: die Blaue Grotte, unweit davon die nach dem Meeresgott Neptun benannten modernen Badeanstalten (die Konkurrenz zu ihnen bietet an der Südwestspitze der Insel, Punta Carena genannt, der Lido del Faro nahe zum Leuchtturm), die Aussichtsterrasse von Migliara – mit der vielleicht wild-romantischsten Blick entlang der von Möwen bevölkerten schroffen Felsenwände, bis hinunter zum wild schäumenden Meer. Und dann die ausgedehnten Ruinenfelder der Villa di Damecuta, eines Palastbaus aus der römischen Kaiserzeit, der nach dem Vesuvausbruch 79 n. Chr. schwer beschädigt verlassen wurde. Im Mittelalter wurden die Reste beim Bau des heute auch noch vom Meer aus gut sichtbaren Beobachtungsturms, später bei der Anlage der Bourbonen-Befestigungen (Ende des 18. Jhs.) gründlich geplündert. Die wichtigsten Ausgrabungen fanden zwischen 1937 und 1948 statt, nachdem das Grundstück, das die Ruinen verborgen hielt, vom Schriftsteller Axel Munthe dem italienischen Staat überlassen worden war. Außer dem am Fuß des mittelalterlichen Turms befindlichen ehemaligen Wohnraumareal ist hauptsächlich der Repräsentationsbau erwähnenswert. Man stelle sich vor, welch einen Eindruck im Originalzustand die dem Meer zugewandte große Terrasse mit ihrer apsisförmigen Rückseite machte, die durch eine etwa 80 Meter lange Loggia mit den Privatgemächern verbunden war. Kräftige Pfeiler trugen die Bögen, ein Säulengang gewährte den Ausblick aufs Meer. Ruheplätze, Speisesäle und Aufenthaltsräume auf der gegenüberliegenden Seite dienten dem Gesellschaftsleben und den Gaumenfreuden. Natürlich weisen die Anacapresen darauf hin, ihr Kaiserpalast bleibe in Bezug auf Prunk und Spuren des Hoflebens kaum hinter der Villa Jovis zurück, dem Tiberius-Palast, den man in Capri so sehr rühmt. Freilich übersehen sie dabei eine kleine, aber trotzdem nicht ganz unwichtige Tatsache: Von der Villa Jovis ist noch sehr viel zu sehen, von der Villa Damecuta allerdings so gut wie nichts mehr.

Doch zurück zur Gegenwart: Wer dem urwüchsigen Anacapri begegnen will, der sollte die *Piazza Armando Diaz* aufsuchen, womöglich zur kühlen Abendstunde. Dort sitzen vor der Pfarrkirche *Santa Sofia,* an der ab 1510 über 300 Jahre lang gebaut wurde, auf gelb getönten Bänken beim Plausch die älteren Einheimischen mit ihren sonnengegerbten, markanten Gesichtern, die an vergilbte Fotos der langbärtigen Fischer und ehrwürdigen Bäuerinnen erinnern. Die Bänke selbst sind Kunstwerke aus Majolikafliesen und stammen aus der Werkstatt von *Sergio Rubino (La Bottega dell'Arte, Via Catena 2–4),* der seine Tätigkeit inzwischen teilweise nach Amerika verlegt hat. Die Motive stellen Szenen aus der Weinlese und Olivenernte dar. Man hat den Eindruck, die Leute auf den Bänken seien selbst aus diesen Bildern herausgetreten.

Der urigste Brotladen von Anacapri, *Forno (Traversa Timpone 12),* ist der schräg gegenüber der San-Michele-Kirche etwas versteckt liegende Ort, wo die Senioren gern die Spezialität *taralli* (würzige Knabberkringel) einkaufen – für ihre Enkel. Etwas Spezielles sind auch die bequemen Espadrilles, die Signor *Costanzo* seit 1950 in seiner Werkstatt *Arcucci (Via La Vigna 46, im Le-Boffe-Viertel)* näht: aus Leinen oder aus Seide, in allen Farben, mit Schnursohlen (auf Wunsch auch maßgeschneidert innerhalb von zwei Tagen). Die Stoffe sind nicht nur einfarbig: mal gestreift, mal mit Pünktchen – oder auch mal mit schottischen Mustern (die Preise beginnen bei 30 000 Lit). Im dem modernen »Laboratorium« des wiedererwachten Familienunternehmens *Limoncello Capri (Via Capodimonte 27)* wird seit 1989 Limoncello (Zitronenlikör) als reines Naturprodukt aus Zitronenfleisch und -schale nach demselben alten Rezept hergestellt, wie es schon zu Beginn des Jahrhunderts Großmutter Vincenza Canale benutzte. Dieses erfrischende, verdauungsfördernde Getränk servierte sie in ihrem Lokal solchen namhaften Stammgästen wie Axel Munthe, Friedrich Alfred Krupp, Maxim Gorki, dem Baron von Fersen und den Gebrüdern Cerio. Ein guter Geschenktipp: Limoncello in hübschen Kristall- oder Keramikflaschen samt Gläschen, die mit passenden Motiven dekoriert sind – ein »geistreiches« Mitbringsel. Eine Gratis-Trinkprobe wird gern angeboten.

Die Weinkellerei *Vinicola Tiberio (Via Trieste e Trento 28)* der Brunetti-Brüder hat eine alte Tradition, die bis 1909 zurückreicht. Seit 1989 produzieren aber auch sie den köstlichen Zitronenlikör – unter ihrem Firmennamen.

Duftextrakte aus Capris Blumen werden bei *Profumi originali di Capri (Via Axel Munthe 1)* an Ort und Stelle verarbeitet, und ihr Geist wird in Fläschchen verschlossen wie in den Märchen aus Tausendundeiner Nacht. Wer will, kann zuschauen – und natürlich auch zugreifen. Beliebt sind zwei herbe Tagesparfums: *Capri Azzurra* aus Zitrusessenzen für die Dame; *Capri Jovis 2* aus

ANACAPRI

Sie hat viel zu Capris Ruhm beigetragen: die Blaue Grotte

Eichenmoosextrakten für den Herrn. *Capri Night* heißt die süßlich-sinnliche Verführung für den Abend.

BESICHTIGUNGEN

Barbarossa-Burg (107/F 2)

★ Diese Burg (12. Jh.) oberhalb von Axel Munthes Villa San Michele hat mit dem Stauferkaiser nichts zu tun. Die Ruinen erinnern an die wilden Sarazeneneinfälle, die Mitte des 16. Jhs. stattgefunden haben. Der türkische Hauptanführer hieß Cheireddin Baba Urug (vereinfacht »Barbarossa«, nicht zuletzt auch seines feuerroten Bartes wegen). Die Ruinen gehören heute der Stiftung Axel Munthe. Im Inneren gibt es eine ornithologische Station. *Im Frühjahr donnerstags um 17 Uhr Besichtigung nach Anmeldung möglich, Tel. 08 18 37 14 01*

Blaue Grotte
(Grotta Azzurra) (106/B 1)

★ Die Blaue Grotte ist gleichsam ein Synonym für Capri, aber Capri ist nicht nur die Blaue Grotte. Dennoch: Man muss schon in ihrem Inneren die vom Wasser türkisblau reflektierten Lichtstrahlen wassernah erlebt haben. Um durch die niedrige Einfahrt zu gleiten, ohne sich Beulen am Kopf zu holen, legt man sich rücklings auf den Boden des Boots. Der Bootsmann zieht an einem Seil seine Nussschale ins Höhleninnere, während er schallende Signalrufe mit seinen Kollegen wechselt. Die Grotte – 54 m lang, 30 m breit, nach der Einfahrt bis zu 22 m hoch, mit 14 m Wassertiefe – wurde am 17. August 1826 von dem schlesischen Schriftsteller August Kopisch mit seinem Malerfreund Fries und zwei Einheimischen, dem Fischer Ferraro und dem Notar Pagano, beim Baden entdeckt. Vermutlich hatte aber Ferraro die Höhle schon früher gekannt. Dass diese schon zu Tiberius' Zeiten aufgesucht und als Nymphäum eingerichtet wurde, davon zeugen die dort unter Wasser gefundenen, mit einer Muschelkruste belegten vier Statuen, die heute in der Kartause von Capri ausgestellt sind. Das Sonnenlicht, vom Meerwasser gebrochen, schimmert in der Grotte bläulich auf. Die Farbtönung hängt natürlich von Tages- und Jahreszeit sowie vom Wetter ab. *Man erreicht die Grotte zu Fuß oder mit dem Bus über die Landstraße von Anacapri in Richtung Villa Damecuta. Wer in Capri wohnt, nimmt den Pendelbootservice im Hafen an der Marina Grande in Anspruch – von 9 Uhr bis 1 Std. vor Sonnenuntergang, hin und zurück an Werktagen: 8000 Lit, an Feiertagen: 8700 Lit. Vor der Grotte steigt man in ein schmales 4-Mann-Ruderboot um und wird erneut zur Kasse gebeten (7000 Lit an Werktagen und 7700 Lit an Feiertagen). Eintritt zur Grotte dann noch mal 8000 Lit. Für Gruppenreservierungen wendet man sich an den örtlichen Motorbootverein: Tel. 08 18 37 77 14 und 08 18 37 02 86*

Casa Rossa (107/E 2)
Wie Capri, so hat auch Anacapri sein »rotes Haus«. In dem ausgebauten mittelalterlichen Turm, wo viele Funde aus dem Altertum angesammelt sind, lebte der Amerikaner John Clay MacKowen bis 1902. In die Wand des Vorhofs sind mehrere antike Inschriften eingelassen. Hervorzuheben ist eine Widmungsinschrift auf griechisch (vermutlich aus der Zeit von Kaiser Augustus): die einzige, die den Namen der Inselbewohner *(Kaprietoi)* trägt. Die Wissenschaftler sind sich nicht einig, ob der Name der Insel Capri aus dem griechischen *kapros*, das heißt Eber, oder aus dem lateinisch-italischen *caper*, weiblich *capra*, das heißt Ziege, abgeleitet wurde. Wahrscheinlicher sei jedoch die erste Deutung. Durch ein Gitter kann man den Vorhof teilweise einsehen. *Via G. Orlandi 78*

Monte Solaro (107/E 4)
★ ⚜ Zum höchsten Berg der Insel (589 m) fährt gleich neben der *Piazza della Vittoria* ein Sessellift hinauf. Auf dem Gipfel erwarten Sie eine Caféterrasse und bei guter Sicht ein prachtvoller Panoramablick auf die Insel selbst und auf die Meeresbuchten von Neapel und Salerno mit ihren Inseln und Bergen. Zurück kann man entweder wieder mit dem Sessellift fahren oder auch zu Fuß gehen über einen ziemlich steilen, steinigen Pfad, den geübte Bergsteiger auch nach oben benutzen. Zur schon erwähnten Einsiedelei *Santa Maria a Cetrella* führt von diesem Pfad, etwa auf halber Strecke, rechts abbiegend ein bequemer Fußweg. Nach etwa einstündigem Abstieg erreicht man unten die *Villa San Michele. Sessellift-Service: April–Okt. tgl. 9.30 Uhr bis Sonnenuntergang; Nov.–März Mi–Mo 10.30–15 Uhr, Di geschl., Fahrzeit: 12 Min., Einzelfahrt 5000 Lit, Rückfahrkarte 7000 Lit*

Scala Fenicia (107/F 2, 108/A 2)
Die Phönizische Treppe hat mit den Phöniziern nichts zu tun. Sie

Geschichtsträchtig: die Casa Rossa

ANACAPRI

stammt aus der Zeit der griechischen Kolonisation und war bis zum Fertigbau der Fahrstraße 1877 die einzige Verbindung zwischen dem Hafen an der Marina Grande und dem viel höher gelegenen Fischerdorf Anacapri. Die Treppe mit ihren über 800 Stufen beginnt zwischen Weingärten schräg hinter der *San-Costanzo-Kirche*. Ab *Strada Fenicia Nr. 15* wird es waldig, und die Stufen werden höher. Zum Teil sind sie mit Zement ausgebessert. Hie und da entdeckt man noch Fragmente der ursprünglichen Steinplatten. Die Treppe ist erst seit 1998 wieder voll begehbar und ist abends malerisch beleuchtet.

Torre della Guardia (106/B 5)

Dieser mittelalterliche Turm erhebt sich oben am Rand einer steilen Felswand in ausgezeichneter strategischer Position. Mit dem ungehinderten Ausblick zum Meer, in Richtung Punta Carena, trug er als Wachturm zur Verteidigung der Insel gegen Sarazeneneinfälle bei. Wieder instandgesetzt wurde er von den Engländern während der Napoleonischen Kriege im Kampf gegen die französischen Truppen des Königs von Neapel, Joachim Murat, und er ist, bis heute nahezu unversehrt, auch aus weiter Entfernung vom Meer her wahrnehmbar.

Torre Materita (106/C 4)

Diesen Verteidigungsturm – im 14. Jh. von den Kartäusermönchen gegen die sarazenischen Piraten errichtet – erwarb der schwedische Arzt Axel Munthe vor dem Ersten Weltkrieg. Nach der Restaurierung lebte er dort zwischen 1910 und 1943 und schrieb dort auch (zwischen 1921 und 1929) »Das Buch von San Michele«. Die Turmvilla im großen Park liegt auf halbem Wege zwischen Caprile und Punta Carena (Privatbesitz).

Villa Damecuta (106/B 1)

Von dieser Villa des Tiberius sind nur noch niedrige Ruinen geblieben, die sich bis zum 151 m hohen Turm von Damecuta ausdehnen. Der Blick auf das Meer ist hier besonders schön. Auch der einstündige Spaziergang von Anacapris Piazza Diaz aus, durch den malerischen Stadtteil Le Boffe, durch Weingärten und Olivenhaine, lohnt sich. *Tgl. 9 bis 14 Uhr, Eintritt frei*

KIRCHEN

Santa Maria a Cetrella (107/F 4)

★ Diese kleine, abgeschiedene Einsiedelei, am Rand der östlichen Steilwand des Monte Solaro gelegen, ist ein schönes Beispiel für den schlichten capresischen Baustil. Das Kirchlein, Ende des 14. Jhs. von Dominikanern gegründet, ist heute ein beliebter Wallfahrtsort. Man erreicht es vom Monte Solaro aus bergab in etwa 20 Minuten. (Es empfiehlt sich rutschfestes Schuhwerk!) Frühaufsteher können dort an jedem Septembersonntag um 7.30 Uhr an einer Messe teilnehmen.

San Michele (107/D 2)

Diese Kirche in Anacapri mit ihrem achteckigen Grundriss ist der schönste Barockbau der Insel. 1719 nach Plänen von Domenico Antonio Vaccaro erbaut, ist sie aber vor allem wegen des beinahe intakten, bunten Majolikafußbodens sehenswert. Es handelt sich um eine naturalistisch-naive Darstellung des Sündenfalls und der Vertreibung Adams und Evas aus dem Paradies. Man beachte den zum Teil beunruhigten Gesichtsausdruck der Tiere! Den schönsten Überblick hat man von der Orgelempore aus (Wendeltreppe rechts neben dem Eingang). *1. April–31. Okt. tgl. 9–19, Nov. bis März tgl. 10–15 Uhr, Eintritt: 2000 Lit, Piazza San Nicola*

Santa Sofia (107/D2)
❂ Die 1510 erbaute Pfarrkirche Anacapris liegt im Zentrum des Orts. Sie hat eine hübsch geschwungene Fassade und im Inneren stuckreiche Verzierungen. Die gekachelten Sitzbänke am Kirchplatz stammen vom Keramiker Sergio Rubino. *Piazza Armando Diaz*

MUSEUM

Villa San Michele (107/F2)
★ ❈ Die beliebteste Touristenattraktion in Anacapri ist sicherlich die Villa San Michele, die sich der schwedische Modearzt Axel Munthe (1857–1949) hat bauen lassen. Seine Memoiren »Das Buch von San Michele«, 1929 veröffentlicht und dann in 41 Sprachen übersetzt, wurden ein Welterfolg. Seitdem pilgern Jahr für Jahr über 200 000 Neugierige zu diesem »Wallfahrtsort«, um Munthes Gemächer mit den dort zusammengetragenen »Kunstschätzen« (teils dubioser Herkunft) auch einmal gesehen zu haben. Antikes Mobiliar in den Wohnräumen, Bronze- und Marmorköpfe, Torsi, Reliefs und Inschriften in Galerie und Atrium. Rustikal und einladend ist die Küche im unteren Geschoss, wunderschön die makellos gepflegte Gartenanlage. Seit 1992 steht im Garten ein Olivetum genannter Pavillon. Während sich die Besucher dort über die Vogelwelt, die Schmetterlinge und Insekten auf der Insel informieren, begleiten sie Vogelgezwitscher als Tonkulisse. Am Ende des Gartens, bei der Sphinx-Statue, schöner Blick auf den Golf von Neapel und, rechts oben, auf die Ruinen der Barbarossa-Burg.

»Mein Haus muss offen sein für Wind und Sonne und die Stimme des Meeres, wie ein Griechentempel, und Licht, Licht, Licht überall!« Nach diesem Motto ließ Axel Munthe sein Heim gestalten, das aber nicht in jeder Hinsicht dem guten Geschmack entspricht. Die Villa San Michele gehört heute dem schwedischen Staat (das Vizekonsulat ist nebenan). *Tgl. geöffnet: Mai–Sept. 9–18, Nov.–Feb. 10.30–15.30, März 9.30–16.30, April und Okt. 9.30–17 Uhr, Eintritt 8000 Lit, Via Capodimonte 34, Tel. 08 18 37 14 01*

RESTAURANTS

Kategorie 1
(Essen für eine Person, einschließlich Tafelwein, ab etwa 55 000 Lit)

Add'ò Riccio (106/B1)
❈ Wie auf einem Ozeandampfer kommt man sich hier vor: ein grandioses Terrassenrestaurant nur fünf Gehminuten von der Blauen Grotte entfernt. Hier wird Fisch in allen Varianten

ANACAPRI

groß geschrieben. Probieren Sie das vielseitige *buffet marino* (ab 20 000 Lit), und trinken Sie den gut gekühlten *Capri-DOC-Weißwein* dazu. Eine feste Institution des Lokals: Gerti, die Frau des Besitzers – eine waschechte Berlinerin. *Di geschl., Via Grotta Azzurra 41, Tel. 08 18 37 13 80*

Il Cucciolo (106/C 2)
 Abseits und mitten in den Grünen liegt dieses sehr gemütliche Gartenrestaurant mit Meerweitblick. Familiäres Ambiente und gute Küche. Die reichhaltigen *trenette all'aragosta* (Hummer-Bandnudeln) sind hier besonders beliebt. Das Lokal liegt auf halber Höhe zwischen der Blauen Grotte und Anacapri. *Bushaltestelle: Damecuta, Mi geschl., Via La Fabbrica 52, Tel. 08 18 37 19 17*

Da Gelsomina (106/C 5)
Kurz vor dem Aussichtspunkt Belvedere della Migliara sieht man rechter Hand das überdachte Terrassenrestaurant mit Blick auf die Weingärten und die Ischia-Silhouette. Hier gibt es herrliches, frisch-knuspriges Bauernbrot. Als Alternative zur Pasta bestellt man *gnocchi alla sorrentina* (schmackhafte Kartoffelnockerln). Am Abend bäckt Michele im Freien auch Pizza. Swimmingpool im Weingarten dicht vor der Tür. *Di geschl., Via Migliara 72, Tel. 08 18 37 14 99*

Il Lido del Faro (106/A 6)
 In dieser unberührten Felsenbucht sollte man unbedingt bei Mondschein dinieren. Das Spitzenlokal gehört zur gleichnamigen Badeanstalt und liegt gänzlich isoliert an der Punta Carena. *Linguine ai frutti di mare* (schmale Bandnudeln mit saftigen Meeresfrüchten) bestellen und nur noch dahinschmelzen. *Regelmäßiger Pendelbus-Service, Punta Carena, Tel. 08 18 37 17 98*

La Rondinella (107/D 3)
Hier sitzt man unter einem schattenspendenden Bambusdach, zwar ohne Aussicht, dafür aber mitten im Zentrum. Einfach ideal für eine kulinarische Verschnaufpause nach dem Einkaufsbummel. Sehr sättigend sind die *penne aumm aumm* (Makkaroni mit warmem Mozzarella und feinen Auberginen). Familiär-freundliche Atmosphäre. *Do geschl., Via G. Orlandi 145, Tel. 08 18 37 12 23*

Il Solitario (107/D 2)
Zum Teil bunt bemalte oder gekachelte Holztische schmücken dieses Bohemelokal im efeuberankten Garten. Im Herzen Anacapris gelegen – leider ohne Meerblick. Man serviert nur frischen Fisch (keine Tiefkühlkost) und hausgemachte Pasta. *Mo geschl., Via G. Orlandi 96, Tel. 08 18 37 13 82*

Kategorie 2
(Essen für eine Person, einschließlich Tafelwein, ab etwa 40 000 Lit)

Materita (107/D 3)
Bürgerliches Restaurant und Pizzeria mit Terrasse direkt am Kirchplatz gelegen. Lina ist besonders stolz auf ihre *Ravioli alla caprese* (mit Ei, Weichkäse, Parmesan und Majoran gefüllt), ihr Mann Peppino auf seine am Holzfeuer hergestellte Pizza Napoli. *Di geschl., Via G. Orlandi 140, Tel. 08 18 37 25 23*

Kategorie 3
(Essen für eine Person, einschließlich Tafelwein, ab etwa 30 000 Lit)

'a Curtiglia (106/C 4)
Seit 30 Jahren backt Emilia in ihrer Trattoria die allerköstlichen Pizzas. Ihr Mann Antonio empfiehlt als sein Leibgericht jedoch nicht Pizza, sondern etwas ganz anderes: *fritto all'italiana* (fritiertes Allerlei). *Mo geschl., Via Nuova del Faro 86, Tel. 08 18 37 33 34*

Mamma Giovanna (107/D 2)
Mamma Giovanna hat es allen versprochen: Für nur 15 000 Lit kann man mit *pennette al cartoccio* (Nudeln mit frischen Meeresfrüchten) seinen Hunger reichlich stillen. Am schönsten sitzt man draußen, neben der San-Sofia-Kirche, doch dort sind leider nur vier Tische vorhanden. Aber mit etwas Glück ... *Mo geschl., Via Boffe 3/5, Tel. 08 18 37 20 57*

HOTELS

Luxushotel
(DZ ohne Frühstück ab etwa 340 000 Lit)

Europa Palace (107/E 2)
☆ Von diesem Luxushotel aus ist alles »nur um die Ecke«: der Sessellift zum Monte Solaro, Axel Munthes Villa San Michele und die Einkaufsbummelgassen. Eine Nobelherberge im modernen »Made in Italy«-Stil. Großer Swimmingpool. Für Exklusivansprüche empfehlen sich die Suiten Nr. 102 und 104 mit eigenem Pool im abgeschiedenen Gärtchen. Noch eine Steigerung im Hollywood-Format: die neue, 150 qm große Presidential Suite mit zwei Doppelzimmern und zwei Badezimmern sowie einem großen Wohnzimmer. Das i-Tüpfelchen: der Swimmingpool auf eigener Dachterrasse. Ein teurer Spaß: nicht unter 2 Millionen Lire pro Nacht zu haben. *93 Zi., Via Capodimonte 2, Tel. 08 18 37 38 00, Fax 08 18 37 31 91*

Kategorie 1
(DZ ohne Frühstück ab etwa 160 000 Lit)

Biancamaria (107/E 2)
Direkt im Ortskern liegt dieses schlichte Hotelchen mit voll renovierten Bädern. Buchen Sie ein Zimmer an der Rückfront, um vom Diskolärm aus der Umgebung nicht gestört zu werden. *25 Zi., Via G. Orlandi 54, Tel. 08 18 37 10 00, Fax 08 18 37 20 60*

San Michele (107/E 1)
☆ Dieses Haus mit leicht nostalgischem Touch liegt an der Straße zwischen Capri und Anacapri. Zimmer Nr. 222 hat einen sagenhaften Blick auf den Golf von Neapel und den Vesuv. Swimmingpool im Garten. In der Nebensaison ist es nicht so laut, wie die Lage es vermuten ließe! *58 Zi., Via G. Orlandi 1/3, Tel. 08 18 37 14 27, Fax 08 18 37 14 20*

Kategorie 2
(DZ ohne Frühstück ab etwa 100 000 Lit)

Bellavista (107/E 2)
Gepflegtes, familiäres Haus. Die Zimmer 18 und 19 mit Vorraum und herrlicher Sicht auf Meer und Palmen. Drei Tennisplätze und Fitnessraum gleich nebenan. *14 Zi., Via G. Orlandi 10, Tel. 08 18 37 14 63, Fax 08 18 37 09 57*

ANACAPRI

Il Girasole (107/D 2)
💮 Die einfache Pension von Arnaldo und Angela Orlando liegt inmitten von Gärten, wo Kiwis und Orangen wachsen. Für junge Leute ohne hohe Ansprüche geeignet. Kinderfreundliche Familienatmosphäre. Der Sonnenuntergang hinter Ischia ist nicht zu verachten. *8 Zi., Via Linciano 47, Tel. 08 18 37 23 51, Fax 08 18 37 38 80*

Loreley (107/E 2)
Nicht so romantisch, wie es sein Name verspricht. Schlicht und preiswert. Ins Zimmer Nr. 16 scheint die Sonne am allerlängsten hinein. Behindertengerecht. *14 Zi., Via G. Orlandi 12 a, Tel. 08 18 37 14 40, Fax 08 18 37 13 99*

Kategorie 3
(DZ ohne Frühstück ab etwa 70 000 Lire)

Villa Eva (106/C 2)
Das originelle Landhaus im Olivenhain sieht aus wie ein Märchenschloss. Charmant wie das Besitzerehepaar. Ideal für Bohemiens und Studenten, die sich leicht anpassen, ohne zu hohe Ansprüche zu stellen. Zimmer 10 und 11 mit Terrasse sind ein Geheimtipp für die ältere Generation. *7 Zi., Via La Fabbrica 8, Tel. und Fax 08 18 37 20 40*

SPIEL UND SPORT

Badeanstalten
Lido del Faro (**106/A 6**): Auf der Punta Carena, dem äußersten Südwestzipfel der Insel, liegt die Badeanstalt Lido del Faro, völlig isoliert zwischen den Felsen einer fast geschlossenen Bucht eingekeilt. Die Sonne scheint dort

Baderomantik an wilden Felsen

vom frühen Morgen bis zu ihrem Untergang hinter Ischia. Bei Vollmond sollte man unbedingt zum Abendessen dort bleiben – für romantische Liebespaare ganz besonders empfehlenswert! Das Restaurant hat nur im Juli und August abends geöffnet. *Eintritt, Umkleideraum, Liegestuhl 12 000 Lit, Liegematratze 6000 Lit, Sonnenschirm 5000 Lit, Familienkabine 50 000–60 000 Lit. Pendelbusservice ab Anacapri, Tel. 08 18 37 17 98*

💮 *Nettuno* (**106/C 1**): Oberhalb der Blauen Grotte liegt die gepflegte Badeanstalt Nettuno mit zwei Meerwasserpools für Groß und Klein. Ideal für Familien. Treppen führen zum Meer hinunter, eine Leiter direkt ins Wasser. Geheimtipp: Lassen Sie sich dabei das köstliche Fischrestaurant Add'ò Riccio nicht entgehen! *Eintritt, Umkleideraum, Liegestuhl 15 000 Lit, Liegematratze 8000 Lit, Sonnenschirm 5000 Lit, Familienkabine 60 000–65 000 Lit, Tel. 08 18 37 13 62, regelmäßige Busverbindung von Anacapri aus, Rückfahrkarte 3000 Lit*

Tennis
Tennis Sporting Club, Via G. Orlandi 10, Tel. 08 18 37 26 12

AM ABEND

Zeus (107/E 2)

Im restaurierten Gebäude des Apollo-Kinos befindet sich die größte Disko der Insel. Auf dem Parkett toben in der Hochsaison bis zu 450 Tanzfreaks. Bei den olympischen Göttern sind sie gut aufgehoben. Bequem für Anacapri-Gäste, die nachts nicht extra nach Capri wollen. *Kino gibt es ab 18 Uhr, Disko ab Mitternacht, Disko-Eintritt mit einem Drink 15 000 Lit, Via G. Orlandi 103*

AUSKUNFT

Via G. Orlandi 19 a, Tel. 837 15 24; Juli–Sept. Mo–Sa 8–20 Uhr; Okt. bis Juni Mo–Sa 9–15 Uhr, So geschl.

ZIELE IN DER UMGEBUNG

Belvedere della Migliara (106/C 5)

(1¼ Stunden)

Bevor man den Weg *Via Rio Caprile* an der Bus-Endstation *Caprile* einschlägt, macht man von dort aus einen 10-minütigen Kurzabstecher zur Villa des im April 1991 verstorbenen weltberühmten englischen Schriftstellers Graham Greene. Das von weißen Mauern umgebene Haus selbst – Il Rosaio (Rosengarten) benannt – kann man nur durch das Gartentor erahnen. Der Weg dorthin führt aber über die Gasse *Vico Caprile* durch einen Teil des sehenswerten alten Wohnviertels *Le Boffe*. Nach der Hausnummer 15 links abbiegen in die schmale *Via Ceselle* bis zur Nr. 5 (Il Rosaio an der linken Seite). Durch ein schwarzes Gitterwerk schauend, erkennt man die weiß getünchte Pergola im kykladischen Stil, daneben einen imposant hochragenden Magnolienbaum. Links vom Eingang: eine Wandcollage aus bunten Keramikfiguren, -masken und -tellern – als wäre es ein Werk von Miró. (Gelegentlich entdeckt man dann beim Schaufensterbummel in der *Via Roma* von Capri, dass man die einzelnen Elemente dieser Collage auch erwerben kann. Sie stammen aus der einheimischen, volkstümlichen Keramikproduktion.) Wieder zurück zur Bushaltestelle. Danach nimmt man die *Via Rio Caprile*, geht an der Carabinieri-Station vorbei und hält sich rechter Hand (Wegweiser!). Auf dem angenehmen Weg zum Belvedere finden sich zwischen gepflegten Wein- und Gemüsegärten, Blumenwiesen, Oliven- und Feigenbäumen zwei empfehlenswerte Restaurants. Der *Belvedere della Migliara,* am Ende des Wegs, bietet einen atemberaubenden Blick auf die vertikal

---

»Wandervögel« und »Scarparielli«

Spricht der kultivierte Caprese von »Wandervögeln«, meint er nicht die gefiederte Spezies, sondern die Bildungsreisenden von einst. Der Volksmund hat für die heutigen Besucher einen plastischeren Ausdruck geprägt: »Scarparielli (im Dialekt, wörtlich übersetzt: »Schuhlinge«). Mit diesem Kosenamen werden vor allem deutsche Touristen auf charmante Weise bedacht – und zwar ihres massiven Schuhwerks wegen.

ANACAPRI

ins Meer abfallende Felswand. Darin nisten und um sie kreisen, laut kreischend, majestätisch in den Luftströmungen segelnd, hunderte von Möwen aller Art. Wenn man eine noch eindrucksvollere Aussicht erleben will, geht man einige weitere Schritte nach links bis zum Kreuz hinauf.

Blaue Grotte und
Villa Damecuta (106/B-C 1)
🥾 (etwa 1¼ Stunden)
Der stellenweise kaum sichtbare Pfad führt über Stock und Stein steil hinab. Diese Kletterpartie ist nichts für kleine Kinder und für wackelige Knie!

Startpunkt ist die Kirche *Santa Sofia* auf der *Piazza Diaz.* Links führt die *Via Boffe* in das gleichnamige malerische Viertel mit seinen weiß getünchten Häusern und schmalen Gassen. Diese Straße geht in die *Via La Vigna* über (von hohen Weinstöcken gesäumt, die ihr den Namen gaben). Wenn man das Meer erblickt hat, biegt man links in die *Via Veterino* ein. Eine wahrhaft bukolische Landschaft tut sich auf: Landhäuser, zu denen schattige Laubengänge führen, liegen eingebettet in Olivenhaine und Weingärten. Es geht immer weiter bergab – in Luftlinie genau in Richtung Blaue Grotte. Der Asphalt hört auf, der Feldweg wird immer schmaler, steiniger und steiler. Halten Sie sich immer leicht links, bis Sie auf niedriges Mauerwerk stoßen. Folgen Sie diesem weiter (ab und zu muss man in die Hocke gehen und sich an Sträuchern festhalten), bis der in Serpentinen absteigende Pfad bei der etwas versteckten Villa Cielo e Mare wieder zu einem besser begehbaren, breiteren und asphaltierten Weg wird. Nun wandert man weiter, parallel zum Meer, bis man auf die Badeanstalt Nettuno oberhalb der Blauen Grotte stößt. Von dort aus kann man mit dem Bus die ganz in der Nähe gelegenen Ruinen der Villa Damecuta erreichen.

Monte Solaro und
Villa San Michele (107/E 4 u. F 2)
🥾 (etwa 1½ Stunden)
Von der *Piazza della Vittoria* führt ein Sessellift auf den Berg *Solaro* (589 m) hinauf. Wenn man von der Aussichtsterrasse dann zu Fuß hinabsteigen will, findet man beim ersten Abschnitt bergabwärts einen ziemlich steilen Pfad, der etwas grobsteinig und von Baumwurzeln durchwachsen ist. Danach wird es aber ideal zum Wandern, mitten in unberührter Natur, mit saftig grünen Wiesen und zwitschernden Vögeln. Wenn man die Rechtsabzweigung zu der Einsiedelei *Santa Maria a Cetrella* erreicht hat, sollte man die Gelegenheit nicht versäumen, dort erneut einen herrlichen Weitblick auf Capri und das Meer zu genießen. Eine solche Rast empfiehlt sich, bevor man über den mittleren Weg weiterwandert, um schließlich unten auf den *Viale Axel Munthe* zu stoßen. Rechts geht es weiter zur Villa San Michele. Bevor man sie erreicht, sieht man an der Bergseite der Promenade die Villa Rosa (18. Jh.), die einst den Komponisten Franz Liszt beherbergte. In dem Gebäude – Anfang dieses Jahrhunderts als Hotel Barbarossa und einer der In-Treffs von Anacapri bekannt – ist heute eine staatliche Handelsfachschule untergebracht.

Auf den Spuren von Capris Geschichte

Die hier beschriebenen Routen sind in der Übersichtskarte im vorderen Umschlag und im Reiseatlas ab Seite 106 grün markiert

① ZUR WESTKÜSTE UND ZU DEN NAPOLEONISCHEN FORTS

Weg von den oft frequentierten Wanderwegen! Zurück in die Zeit der Napoleonischen Kriege (1806–08) führt diese Wanderung inmitten einer romantisch zerklüfteten Landschaft. Von Anacapri bis zu den Festungsruinen über der Steilküste trifft man kaum eine Menschenseele. Wegen des anspruchsvollen Geländes und ca. 270 m Höhenunterschied müssen Sie für die 6,5 km lange, lohnende Strecke ungefähr 4 Std. einkalkulieren.

Los geht's von der kleinen Piazza Caprile am Rand des pittoresken ältesten Wohnviertels Le Boffe, wo die Buslinie Capri–Anacapri ihre Endstation hat. Der kleine Abstecher über den Vico Caprile (links bei Hausnummer 15 abbiegen) bringt Sie zur Nr. 5 in der schmalen Via Ceselle, der Villa Il Rosaio (Rosengarten). Edwin Cerio, der weltgewandte Bürgermeister, hatte sich dieses Refugium im Capri-Stil bauen lassen. Viele Künstler und Schriftsteller waren hier zu Gast, von Horace Walpole über Ottorino Respighi und Claude Debussy bis Graham Greene. Zurück an der Piazza Caprile führt an der Südseite des Platzes eine Treppe dicht an der Casa Caprile vorbei. Hier war bis 1927 die beliebte Ferienresidenz der schwedischen Königin Viktoria, Patientin und Verehrerin Axel Munthes. Nun sind Sie schon in der Via Vecchia Faro. In einer schattigen Talmulde und durch Olivenhaine kommen Sie zu einer Wegstrecke, die stimmungsvoll noch die holprige, unregelmäßig alte Pflasterung bewahrt hat. Sie führt bis zur Via Mesola, und diesen Weg schlagen Sie nach rechts ein. Bald beginnt er merkbar abwärts zu führen und schrumpft zu einem bescheidenen, unbequemen Pfad zusammen, der streckenweise nur mühsam zu begehen ist. Hier haben Sie die Grenze des landwirtschaftlich bebauten Gebiets erreicht. Der Pfad, der allerdings überall gut erkennbar ist, führt in die mediterrane Macchia.

Der Weg erreicht die Küste bei der Punta Campetiello, wo noch die Ruinen des gleichnamigen Forts stehen. Unterhalb der Festungsreste öffnet sich ein kleines Tal zur Latino-Bucht hin; hier gibt es weitere Überbleibsel des Schutzmauerwerks. Viel half

ROUTEN AUF CAPRI

es seinen Erbauern, den Engländern, allerdings nicht, als es hart auf hart ging: 1808 landeten die französischen Truppen Murats aus Neapel unweit der Befestigungsanlagen und bezwangen sie bald. Für den heutigen Besucher gibt es hingegen eine schöne Aussicht in Richtung Ischia.

Nach dem Panoramagenuss steigen Sie am gegenüberliegenden Südhang des kleinen Tals hoch und erreichen einen Pfad, der sich am Rand der Macchia steil nach oben windet. Er führt zur Fahrstraße, wenn man ihm in Richtung Torre Materita folgt. Diesen Wehrturm – im 14.Jh. von Capris Kartäusermönchen zum Schutz gegen die sarazenischen Piraten errichtet – erwarb der schwedische Arzt Axel Munthe zu Beginn des 20.Jhs. Er ließ ihn umbauen und lebte dann zwischen 1910 und 1943 lange Zeit in dem Bau. In diesen Mauern entstand auch sein Bestseller »Das Buch von San Michele« (1921–29). Verirren kann sich der Wanderer dank dieser massiven Turmvilla nicht. Sie ist stets gut sichtbar, wie sie vor dem Hintergrund des sie umrahmenden Steineichenwaldes hervorragt.

Kurz bevor der Pfad in die Fahrstraße einmündet, kommen Sie zur Ruine der alten San-Cataldo-Kapelle und dann, an der Straße, zur gleichnamigen Zisterne. Der Materita-Turm beherrscht von oben die Szene. Kapelle und Zisterne gehörten den Kartäusermönchen von Capri, die ihr Vieh zum Tränken an diesem Brunnen trieben. Das Tonnengewölbe und die zwei kleinen Bögen zum Heben des Wassers zeigen, dass es sich um eine genaue mittelalterliche Nachbildung der auf der Insel vorhandenen römischen Zisternen handelt. Der Torre di Materita ist auch heute in Privatbesitz und deshalb nicht zu besichtigen.

Die in den 60er Jahren anstelle eines alten Pfades gebaute Straße führt Sie nun zum Leuchtturm an der Südwestspitze der Insel (Punta Carena). Bergab windet sie sich weiter (ca. 1 km) durch das fruchtbare Land, zwischen Kiefernwäldern und prächtigen Panoramastellen. Bevor Sie jedoch einer Kurve in Südost-Richtung folgen, verpassen Sie nicht die Gelegenheit zu einem Abstecher gen Westen: zur Punta del Pino! Am Ende der Landzunge steht hier eine weitere Fortruine der Engländer, unterhalb der Straße, etwa 400 m davon entfernt. Sie sind nun inmitten der schönsten, abgeschiedensten und wildesten Landschaften der Westküste. Die Halbinsel liegt zwischen zwei Buchten: Cala di Mezzo im Norden und Cala del Tombosiello im Süden. Die Letztere ist fjordartig eng und tief; man nennt sie auch Schlangenbucht. Die Überreste des Forts haben vermutlich jene einer mittelalterlichen Festung als Basis. Sie ähneln im Grundriss den übrigen Anlagen auf Capri. Zum Meer hin schützte ein bogenförmiges, dickes Mauerwerk die weiter hinten liegenden Militärunterkünfte vor feindlichem Beschuss. Der Speicherung des kostbaren Regenwassers diente eine unterirdische Zisterne.

Wieder zurück auf der neuen Fahrstraße, müssen Sie nur darauf achten, den Anschluss zur weiterführenden alten Faro-Straße mit ihrer noch erhaltenen ursprünglichen Pflasterung nicht zu verpassen: Es ist die Vorstufe einer steilen Treppe, rechter Hand, die dahinführt. Es lohnt sich, diesen Weg zu wählen, denn er bringt Sie direkt zur Badeanstalt in einer romantischen Felsenbucht. Die neue Fahrstraße endet hingegen an der Esplanade des Leuchtturms von Punta Carena. Der Turm schaut von oben, aus beherrschender Position, stolz auf die Badebucht herab. Er ist mehr als 100 Jahre alt. Durch seine Größe und Leuchtkraft ist er der zweitstärkste *faro* Italiens, nach jenem von Genua. Von der Esplanade kann man mit dem Bus nach Anacapri zurückfahren. Die Abfahrt erfolgt in kurzen Abständen.

② ANACAPRI, DAMECUTA UND DIE FESTUNG ORRICO

Diese Wegstrecke ist wahrhaftig kontrastreich: Sie schlendern erst durch das historische Zentrum Anacapris. Dann bringt Sie die Wanderung näher zur Natur und zur römischen Geschichte und schließlich zur Ruine des 1808 heftig umkämpften Orrico-Forts an der Westküste. Gesamtlänge: ca. 4,5 km. Dauer: etwa 4 Std.

Der Ausgangspunkt ist die Piazza Vittoria (von hier aus steigt der Sessellift zum Monte Solaro hoch). Die Via Giuseppe Orlandi führt an dem »Roten Haus« (Casa Rossa, S. 78) vorbei. Es wurde um einen aragonischen Wehrturm herum vom amerikanischen Oberst J.C. Mackowen gegen Ende des 19. Jhs. errichtet. Ebenfalls rechter Hand erreichen Sie die Via San Nicola. Diese führt zur Besichtigung der Kirche San Michele (S. 79). Dann biegen Sie links in die Via Finestrale ein: Der 100-jährige Eukalyptusriese zeigt, wo in einem großen Garten das Orlandi-Haus liegt (auch Haus der Äbtissin – Casa della Badessa – genannt). Dem Abgeordneten Giuseppe Orlandi ist der Ausbau der Fahrstraße Capri–Anacapri zu verdanken, die seit 1877 beide Orte miteinander verbindet. Schlecht hauste er nicht im umgebauten ehemaligen Heim der Karmeliterinnen. Dieselbe Gasse bringt Sie zu einer weiteren Sehenswürdigkeit: der Pfarrkirche Santa Sofia (S. 80). Von hier aus kann es kreuz und quer gehen im Wirrwarr der pittoresken Gässlein des alten Stadtviertels Le Boffe. Via Boffe und Via Vigna bringen Sie dann aus der Stadt heraus, gen Westen, allmählich in eine hübsche, ländliche Gegend. Nutzgärten, Landhäuser, Villen folgen aufeinander, bis die leicht abfallende Via La Fabbrica Sie in die Nähe des Hubschrauberlandeplatzes auf der Hochebene von Damecuta bringt. Am Ende der Via A. Maiuri – nach dem berühmten Archäologen benannt, der im 20. Jh. die Ausgrabungen leitete – stoßen wir dann auf die Überreste einer kaiserlichen Villa. Tiberius wusste schon, wo und wie er bauen soll. Hier handelt es sich um ein Pendant zur Villa Jovis, auf einem steil abfallenden Felsplateau an der Nordwestspitze der Insel. In beide Richtungen ist die Aussicht atemberaubend. Die Engländer und Franzosen verwendeten Anfang des 19. Jhs. zur Errichtung ihrer Befestigungen leider reichlich Baumaterial aus den Ruinen der Villa Damecuta. Daran erinnern die wenigen noch übrig gebliebenen Reste des Forts von Orrico mit einem Hauch von

ROUTEN AUF CAPRI

Nostalgie. Entlang der Felskante erkennt man gut den freigelegten Grundriss eines halbkreisförmigen Belvedere und der dahinter liegenden Aufenthaltsräume. Von hier führt die Ruine einer Loggia fast bis zu dem auch vom Meer aus sichtbaren Wehrturm von Damecuta aus weit späterer Zeit. Zu dem Fort von Orrico gelangten die angreifenden Franzosen 1808 vom Meer über eine in den Felsen gehauene Treppe. Aus Damecuta kommt man leichter dorthin, indem man vom Parkplatz an der nahe gelegenen Fahrstraße den Pfad aus gestampfter Erde westwärts einschlägt. Dieser führt hinunter auf die Ebene von Orrico, eine beliebte Gegend für Spaziergänger. Am Rand der Felsenküste erreichen Sie dann die Fortruine. Zurück auf der Fahrstraße kann man für den Rückweg den Bus jener Linie nehmen, die die Esplanade über der Blauen Grotte mit Anacapri verbindet.

③ GERUHSAME WANDERUNG ZUM ASTARITA-PARK

Noch kennt kaum ein Capri-Besucher den Parco Astarita, diese erst Ende 1997 der Öffentlichkeit zugänglich gemachte Perle der Natur in ca. 2-3 km Entfernung von Capris Stadtkern. Dauer: ca. 1 1/2 Std.

Via Longano und Via Supramonte führen von der Piazzetta ostwärts zur La Croce genannten Kreuzung. Hier mündet auch die Via Croce, wenn man den Weg über die Via Fuorlovado genommen hat. In beiden Fällen folgt man etwas ansteigenden, gewundenen Gassen, überwölbt von Bögen oder Überführungen, gesäumt von kleinen Läden und von Restaurants: ein Stück Alt-Capri. Bei der erwähnten Kreuzung muss man etwas aufpassen, um den richtigen Weg einzuschlagen. Rechts führt nämlich die Via Matermania abwärts in Richtung Arco Naturale. Sie aber biegen links in die ansteigende Via Tiberio ein und kommen bald an der kleinen Kapelle San Michele vorbei. Sie können dann rechts in die Via Moneta einbiegen, die wiederum zur Via Tiberio führt. Es ist eine ländliche Gegend. Entlang des Weges heißen die Ortsteile Moneta und südlich davon Monetella. Traditionsreiche Privatvillen in schönen schattigen Gärten, dann wieder Bauernhöfe in den Weingärten, zwischen Olivenbäumen, Kakteen, Glyzinien. Im Herbst zeigt in den Gärten der dekorative Hibiskus seine Blüten in Rosa, Rot und Gelb. Wo die Via Tiberio in den Viale Amedeo Maiuri übergeht und die Steilstrecke zur Villa Jovis beginnt, liegt nun rechter Hand der langgestreckte Park, eigentlich ein Pinienhain, der Villa Astarita. Gepflegte Spazierwege und Aussichtsterrassen, schattige Bänke, Blumenrabatte laden hier zum Luftholen ein. Zum Meer hin fällt die Felswand steil hinunter. Das Panorama ist überwältigend und abwechslungsreich. Von Sorrento bis Amalfi sieht man die Festlandküste. Von der Malaparte-Villa bis zu den Faraglioni schwebt der Blick in Richtung Süden. Die reiche Sammlung römischer Antiquitäten, die der neapolitanische Kunstsammler Mario Astarita einst für Garten und Villa zusammengetragen hatte, wurde leider nach seinem Tod in alle Winde.

PRAKTISCHE HINWEISE

Von Auskunft bis Zoll

Hier finden Sie kurz gefasst die wichtigsten Adressen und Informationen für Ihre Capri-Reise

AUSKUNFT VOR DER REISE

Staatliches Italienisches Fremdenverkehrsamt (E.N.I.T.)
10178 Berlin, Karl-Liebknecht-Str. 34, Tel. 030/247 83 97, Fax 247 83 99
60329 Frankfurt/M., Kaiserstr. 65, Tel. 069/23 74 34, Fax 23 28 94
80336 München, Goethestr. 20, Tel. 089/53 13 17, Fax 53 45 27
Prospektbestellung deutschlandweit unter: 0190/79 90 90
  In Österreich
1010 Wien, Kärntnerring 4, Tel. 01/505 16 39, Fax 505 02 48
  In der Schweiz
8001 Zürich, Uraniastr. 32, Tel. 01/211 30 31, Fax 211 38 85

BANKEN

Capri
Banco di Napoli, Via Vittorio Emanuele 37/39, Tel. 08 18 37 61 33
Monte dei Paschi di Siena, Via Vittorio Emanuele 61, Tel. 08 18 37 62 11
Banca di Roma, Piazza Umberto I 19, Tel. 08 18 37 87 43

Der Funicolare bringt Sie von der Marina Grande direkt in das Zentrum des Ortes Capri

Anacapri
Banco di Napoli, Via G. Orlandi 150, Tel. 08 18 37 12 02
Monte dei Paschi di Siena, Via Caposcuro, Tel. 08 18 37 21 93

Öffnungszeiten der Banken auf der Insel: *Mo–Fr 8.30–13.45 und 14.45–15.45 Uhr*

BUSSE

Auf Capri gibt es insgesamt sieben Buslinien, die in regelmäßigen Abständen verkehren:

Capri – Marina Grande
Alle 30 Minuten
Capri – Marina Piccola
Alle 15 Minuten
Capri – Anacapri
Alle 15 Minuten
Marina Grande – Anacapri
16 Fahrten am Tag
Marina Piccola – Anacapri
6 Fahrten am Tag
Grotta Azzurra – Anacapri und Faro – Anacapri
Beide alle 20 Minuten im Sommer, sonst alle 40 Minuten.

Der Fahrpreis für jede einzelne Fahrt: *1700 Lit*

DIPLOMATISCHE VERTRETUNG

Deutsches Generalkonsulat
Via Crispi 69, 80121 Napoli, Tel. 08 17 61 33 93, Fax 08 17 61 46 87

Österreichisches Konsulat
Corso Umberto I 275, 80138 Napoli, Tel. und Fax 0 81 28 77 24

Schweizerisches Konsulat
Via Pergolesi 1, 80122 Napoli, Tel. 08 17 61 45 33, Fax 08 17 61 17 50

FEUERWEHR

Via Provinciale Marina Grande 37, Tel. 08 18 37 02 22

FUNDBÜROS

Im Rathaus von Capri
Piazza Umberto I, Tel. 08 18 36 11 11

Im Rathaus von Anacapri
Via Caprile 30, Tel. 08 18 37 24 23

GEPÄCKAUFBEWAHRUNG

Capri
Via Acquaviva, Tel. 08 18 37 23 36

Anacapri
Piazza Vittoria, Tel. 08 18 37 23 36

GEPÄCKTRÄGERDIENST

Im autofreien Ortskern Capris werden die Koffer von der oberen Seilbahnstation oder von der Bushaltestelle auf der *Piazza Martiri d'Ungheria* bis zu Ihrem Hotel (und umgekehrt) mit Elektrokarren transportiert. *Der Preis pro Koffer beträgt je nach Entfernung etwa 5000 bis 10 000 Lit.* Es empfiehlt sich, schon am Vorabend Ihrer Abreise im Hotel einen Gepäckträger für den nächsten Tag bestellen zu lassen. *Tel. 08 18 37 01 79*

GESUNDHEIT

Ärzte
Private Fachärzte gibt es für Allgemeinmedizin, innere Medizin, Kardiologie, Gynäkologie, Pädiatrie, Orthopädie und Dermatologie.
Eine komplette Liste aller Fachärzte besorgt man sich am besten beim Fremdenverkehrsbüro in Capri, *Piazza Umberto I, Tel. 08 18 37 06 86*

Ärztedienst für Touristen
Nur in der Sommerperiode. *Tel. 08 18 38 12 39*

Ärztlicher Nacht- und Feiertags-Notdienst
Via P. S. Cimino, Tel. 08 18 38 12 39

Apotheken
Capri:
Farmacia Internazionale, Via Roma 45, Tel. 08 18 37 04 85 (Nachtdienst: 08 18 37 65 40)
Farmacia Quisisana, Via Le Botteghe 12, Tel. 08 18 37 01 85 (Nachtdienst: 08 18 3 76 02 87)
Farmacia del Porto, Via C. Colombo 27 (Marina Grande), Tel. 08 18 37 58 44
Anacapri:
Farmacia Barile, Piazza Vittoria 28, Tel. 08 18 37 14 60 (Nachtdienst: 08 18 37 15 04)
Nachts Medikamentenverkauf nur gegen Vorlage eines ärztlichen Rezepts und mit Preiszuschlag.

Erste Hilfe
Krankenhaus Capilupi
Via Provinciale Anacapri 5 (Tel. 08 18 38 12 05), Nachtdienst: 20–8

PRAKTISCHE HINWEISE

Uhr, Dienst an Sonn- und Feiertagen: rund um die Uhr, samstags und vor Feiertagen: 14–20 Uhr

Hubschrauber-Notdienst für Krankentransporte
Tel. 08 15 84 43 19 oder auch 08 15 84 43 55

HAFENAMT UND HAFEN-KOMMANDANTUR

Marina Grande, Tel. 08 18 37 02 26

HAUSTIERE

Eine Tollwutimpfbescheinigung sowie ein amtstierärztliches Gesundheitszeugnis sind für die Einreise unbedingt erforderlich. Beide Papiere dürfen nicht älter als 30 Tage sein. Nähere Informationen erteilt der *Deutsche Tierschutzverband e. V.: Baumschulallee 15, 53115 Bonn, Tel. 02 28/ 60 49 60.*

PARKHÄUSER

Garage Mergellina und Garage Marinapiccola
Privat-Pkw sind auf der Insel nicht zugelassen. Für größere Entfernungen stehen ausreichend Busse oder Taxen zur Verfügung. Für den eigenen Wagen empfehlen sich in Neapel oder Sorrent zwei rund um die Uhr bewachte Parkhäuser: *Garage Mergellina* an der Piazza Sannazaro in Neapel – gegenüber dem Mergellina-Hafen, von wo aus die Schnellboote nach Capri starten, *Tel. 08 16 8 14 37; Garage Marinapiccola* in Sorrent – 100 m links vom Hafenbecken, *Tel. 08 18 78 13 06.* In diesen Garagen kostet der Parkplatz *25 000 bzw. 28 000 Lit pro Tag.*

POLIZEI

Kommissariat
Capri
Via Roma 70, Tel. 08 18 37 72 45 und 08 18 37 72 46

Gendarmerie (Carabinieri)
Capri
Via Provinciale Marina Grande 42, Tel. 08 18 37 00 00

Anacapri
Piazza San Nicola 16, Tel. 08 18 37 10 11

Notruf
Tel. 113

POST

Das Porto ist für Briefe und für Postkarten gleich: *in EU-Länder 800, in die Schweiz 900 Lit.* Das Postamt befindet sich im *Ort Capri in der Via Roma 50, Tel. 08 18 37 02 15, in Anacapri im Viale De Tommaso, Tel. 08 18 37 32 29. Öffnungszeiten: Mo–Fr 8.15–18, Sa 8.15–12.10 Uhr, So geschl.*

SCHIFFSVERBINDUNGEN

Fähren/Schnellboote
Von Capri aus gibt es jeden Tag mehrmalige Schiffsverbindungen – mit Fähren *(traghetti)* oder Schnellbooten *(aliscafi)* zur Insel Procida im Golf von Neapel sowie zum Festland *(Neapel-Mergellina, Neapel-Molo Beverello, Sorrent, Positano, Amalfi, Salerno).* Die Verbindung nach Ischia ist schlecht und nur unregelmäßig. Nähere Auskunft hierzu erteilen die jeweiligen Schiffahrtsgesellschaften. *Aliscafi (Schnellboote) Alilauro: Tel. 08 18 37 69 95; Aliscafi SNAV: Tel. 08 18 37 75 77;* Ca-

remar *(Schnellboote und Fähren): Tel. 08 18 37 07 00; Giuffrè & Lauro: Tel. 08 18 37 61 71; Navigazione Libera del Golfo: Tel. 08 18 37 08 19*

STANDSEILBAHN

Marina Grande – Capri

Die schnellste und einfachste Verbindung vom Hafen Marina Grande zum 142 m hoch gelegenen Ortskern Capri. *Die Fahrt mit der Standseilbahn (Funicolare) – im 15-Minuten-Takt von 6.35 bis 20.40 Uhr – dauert kaum 4 Minuten und kostet 1500 Lit. Zuschlag fürs Gepäck: 600 Lit pro Koffer. Von Juni bis Sept. enden die Fahrten erst um 0.30 nachts.*

STROMSPANNUNG

220 Volt. Bringen Sie jedoch zur Sicherheit einen Adapter mit.

TAXI

Es gibt 63 Taxen. Mit Glück sitzen Sie in einem der sieben uralten Fiat-1400-Kabrioletts aus den 50er Jahren! Sie stehen am Hafen von Marina Grande und an der Piazza Martiri d'Ungheria. Ortsübliche Tarife (bis zu 3 Personen): *Marina Grande – Capri: 15 000 Lit, Marina Grande – Marina Piccola: 20 000 Lit, Marina Grande – Anacapri: 25 000 Lit, Marina Grande – Grotta Azzurra oder Faro (Punta Carena): 35 000 Lit, Capri – Marina Piccola: 15 000 Lit, Capri – Anacapri: 15 000 Lit. Tel. 08 18 37 05 43 (Capri); Tel. 08 18 37 11 75 (Anacapri)*

TELEFON

In Italien ist das Fernmeldewesen keine Angelegenheit der Post. Die italienische Telefongesellschaft heißt Telecom. *Vorwahl für Deutschland: 0049, für Österreich: 0043, für die Schweiz: 0041, für Italien: 0039.*
Die einstigen Vorwahlen sind seit 1998 Teil der Rufnummer, man muss also auch aus dem Ausland nach 0039 als nächste Ziffer eine Null wählen.

Capri

Das Telefonamt (mit Faxapparat) befindet sich in Capri an der Piazzetta (Piazza Umberto I.) neben dem Glockenturm im ersten Stock. Tel. 08 18 37 55 50. Öffnungszeiten: Okt. bis April: 9–13 und 15–20 Uhr; Mai: 9–13 und 15–21 Uhr; Juni: 9–13 und 15–22 Uhr; Juli–Sept.: 9–13 und 15–23 Uhr

Anacapri

Piazza Vittoria, Tel. 08 18 37 33 77. Öffnungszeiten: März–Mai: 8–21 Uhr; Juni–Sept.: 8–22 Uhr; Okt. bis Feb.: 9–13 und 15–20 Uhr

TRINKGELD

In den Restaurants ist die Bedienung meist im Preis inbegriffen. Trotzdem freuen sich die Kellner, wenn sie bei besonders gutem Service ein kleines Trinkgeld *(mancia)* erhalten, sie erwarten es aber nicht. Das Hotelpersonal nimmt ebenso gern einen 2000- oder 5000-Lire-Schein an.

URLAUBSHILFE PER TELEFON

Wer im Urlaub Ärger hat, kann sich von Juli bis September auf deutsch kostenlos beraten lassen. *Servicetelefon in Neapel: 08 17 61 45 24, Mo–Mi 14–18, Do bis Fr 9–13 Uhr*

PRAKTISCHE HINWEISE

ZEITUNGEN

Il Mattino
Hier können Sie Fahrpläne aller Schiffsverbindungen entnehmen.

Die gängigen deutschsprachigen Zeitungen und Zeitschriften finden Sie an jedem größeren Kiosk auf Capri.

ZOLL

Innerhalb der EU darf der Tourist jederzeit alle Waren, die er für seinen »persönlichen Verbrauch« eingekauft hat, ohne Zoll- und Einfuhrbeschränkungen ein- und ausführen. Richtwerte für diesen Begriff sind z. B. 800 Zigaretten, 90 l Wein oder 10 l Spirituosen.

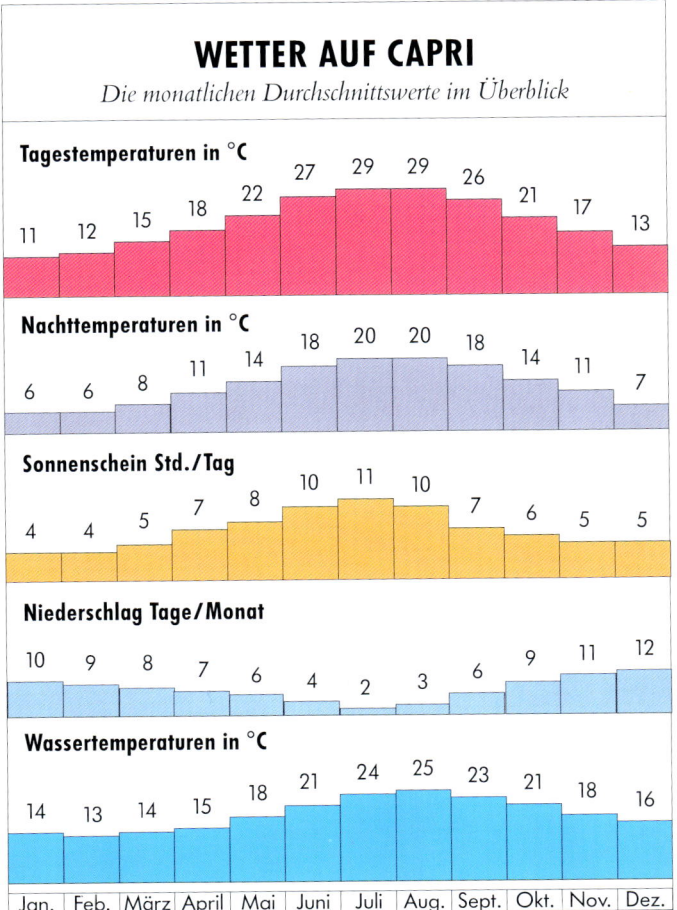

Bloß nicht!

*Capri wird von Touristen überrannt.
So haben sich auch hier typische Touristenfallen entwickelt,
und es gibt einiges, was Sie unbedingt meiden sollten*

Badeschuhe vergessen
Für die zarten Fußsohlen unerlässlich, da Capri felsenreich ist und die Strände meist grobsteinig sind. Natürlich kann man die Plastiksandalen auch an Ort und Stelle erwerben.

Blaue Grotte während der Stoßzeit aufsuchen
Denn zu dieser Zeit wird darin lauthals gejauchzt, gejohlt und gesungen, um den Echoeffekt vorzuführen. Versuchen Sie es lieber schwimmenderweise, in der stillen Abenddämmerung (zum Beispiel von der nahegelegenen Badeanstalt *Bagni di Nettuno* aus). Wenn Sie Glück haben, sind Sie sogar der einzige Besucher. Dann erst offenbart sich Ihnen der wahre Zauber des bläulich schimmernden Wasserspiegels!

Das Unterseeboot »Tritone« besteigen
Auf die Erwartungshaltung folgt die nicht minder große Enttäuschung. In etwa 50 m Tiefe bietet das 18 m lange U-Boot keine besonderen Sehenswürdigkeiten. 40 Minuten Fahrt für teures Geld (70 000 Lit pro Person, 38 000 Lit für Kinder)! Im berühmten Aquarium des deutschen Zoologen Anton Dohrn in Neapel wäre es wohl bequemer, billiger und faszinierender gewesen.

In der Hochsaison auf Capri sein
Verbringen Sie Ihren Urlaub nicht in den Monaten Juli und August auf der Insel. Hitze, oft auch Hetze und Horden von Tagestouristen könnten Ihre Ferienträume zu einem Albtraum vermiesen.

Ohne Gepäck in ein Taxi steigen
Es ist unnötig, denn die Fahrt kostet mindestens sechsmal soviel wie mit dem Bus oder mit der Seilbahn.

Vom Hotel aus telefonieren
Die berechneten Gebühren sind dort beträchtlich höher.

Weit hinausschwimmen
Das gilt für Erwachsene genauso wie für Kinder. Vorbeiflitzende Motorboote könnten Badende – wegen der hohen Geschwindigkeit – u. U. nicht rechtzeitig erkennen, und man sieht sie auch von den Booten aus schlecht zwischen den Wellen. Gefährliche Strömungen und plötzlich aufkommenden Wind gibt es auch, wie überall auf dem Meer.

SPRACHFÜHRER ITALIENISCH

Sprechen und Verstehen ganz einfach

Zur Erleichterung der Aussprache:

c, cc	vor »e, i« wie deutsches »tsch« in deutsch, Bsp.: die**c**i, sonst wie »k«
ch, cch	wie deutsches »k«, Bsp.: pa**cch**i, **ch**e
ci, ce	wie deutsches »tsch«, Bsp.: **ci**ao, **ci**occolata
g, gg	vor »e, i« wie deutsches »dsch« in Dschungel, Bsp.: **g**ente
gl	ungefähr wie in »Familie«, Bsp.: fi**gli**o
gn	wie in »Kognak«, Bsp.: ba**gn**o
sc	vor »e, i« wie deutsches »sch«, Bsp.: u**sc**ita
sch	wie in »Skala«, Bsp.: I**sch**ia
sci	vor »a, o, u« wie deutsches »sch«, Bsp.: la**sci**are
z	immer stimmhaft wie »ds«

Ein Akzent steht im Italienischen nur, wenn die letzte Silbe betont wird. In den übrigen Fällen haben wir die Betonung durch einen Punkt unter dem betonten Vokal angegeben.

AUF EINEN BLICK

Ja./Nein.	Sì./No.
Vielleicht.	Forse.
Bitte./Danke.	Per favore./Grazie.
Vielen Dank!	Tante grazie.
Gern geschehen.	Non c'è di che!
Entschuldigen Sie!	Scusi!
Wie bitte?	Come dice?
Ich verstehe Sie/dich nicht.	Non La/ti capisco.
Ich spreche nur wenig …	Parlo solo un po' di …
Können Sie mir bitte helfen?	Mi può aiutare, per favore?
Ich möchte …	Vorrei …
Das gefällt mir (nicht).	(Non) mi piace.
Haben Sie …?	Ha …?
Wie viel kostet es?	Quanto costa?
Wie viel Uhr ist es?	Che ore sono?/Che ora è?

KENNENLERNEN

Guten Morgen!/Tag!	Buon giorno!
Guten Abend!	Buona sera!
Gute Nacht!	Buona notte!
Hallo!/Grüß dich!	Ciao!
Wie geht es Ihnen/dir?	Come sta?/Come stai?
Danke. Und Ihnen/dir?	Bene, grazie. E Lei/tu?
Auf Wiedersehen!	Arrivederci!
Tschüs!	Ciao!
Bis bald!	A presto!
Bis morgen!	A domani!

UNTERWEGS

Auskunft

links/rechts	a sinistra/a destra
geradeaus	diritto
nah/weit	vicino/lontano
Wie weit ist das?	Quanti chilometri sono?
Ich möchte … mieten.	Vorrei noleggiare …
… ein Auto	… una macchina.
… ein Fahrrad	… una bicicletta.
… ein Boot	… una barca.
Bitte, wo ist …?	Scusi, dov'è …?
der Hauptbahnhof	la stazione centrale
der Hafen	il porto
der Flughafen	l'aeroporto
Zum … Hotel.	All'albergo …

Panne

Ich habe eine Panne.	Ho un guasto.
Würden Sie mir einen Abschleppwagen schicken?	Mi potrebbe mandare un carro-attrezzi?
Gibt es hier in der Nähe eine Werkstatt?	Scusi, c'è un'officina qui vicino?
Würden Sie mir mit Benzin aushelfen?	Mi potrebbe dare un po' di benzina, per favore?

Tankstelle

Wo ist bitte die nächste Tankstelle?	Dov'è la prossima stazione di servizio, per favore?
Ich möchte … Liter …	Vorrei … litri di …
… Normalbenzin.	… benzina normale.
… Super./… Diesel.	… super./… gasolio.
… bleifrei/… verbleit.	… senza piombo (verde)/ … con piombo.
…mit … Oktan.	… a … ottani.
Voll tanken, bitte.	Il pieno, per favore.

Unfall

Hilfe!	Aiuto!
Achtung!/Vorsicht!	Attenzione!
Rufen Sie bitte schnell …	Chiami subito …
… einen Krankenwagen.	… un'autoambulanza.
… die Polizei.	… la polizia.
… die Feuerwehr.	… i vigili del fuoco.
Haben Sie Verbandszeug?	Ha materiale di pronto soccorso?
Es war meine Schuld.	È stata colpa mia.
Es war Ihre Schuld.	È stata colpa Sua.
Geben Sie mir bitte Ihren Namen und Ihre Anschrift!	Mi dia il Suo nome e indirizzo, per favore!

SPRACHFÜHRER ITALIENISCH

ESSEN/UNTERHALTUNG

Wo gibt es hier …	Scusi, mi potrebbe indicare …
… ein gutes Restaurant?	… un buon ristorante?
… ein typisches Restaurant?	… un locale tipico?
Gibt es in der Nähe eine Eisdiele?	C'è una gelateria qui vicino?
Reservieren Sie uns bitte für heute abend einen Tisch für 4 Personen.	Può riservarci per stasera un tavolo per quattro persone?
Auf Ihr Wohl!	(Alla Sua) salute!
Bezahlen, bitte.	Il conto, per favore.
Hat es geschmeckt?	Andava bene?
Das Essen war ausgezeichnet.	(Il mangiare) era eccellente.
Haben Sie einen Veranstaltungskalender?	Ha un programma delle manifestazioni?

EINKAUFEN

Wo finde ich …?	Dove posso trovare …?
eine Apotheke	una farmacia
eine Bäckerei	un panificio
ein Fotogeschäft	un negozio di articoli fotografici
ein Kaufhaus	un grande magazzino
ein Lebensmittelgeschäft	un negozio di generi alimentari
den Markt	il mercato
einen Supermarkt	un supermercato
einen Tabakladen	un tabaccaio
einen Zeitungshändler	un giornalaio

ÜBERNACHTUNG

Können Sie mir bitte … empfehlen?	Scusi, potrebbe consigliarmi …
… ein Hotel	… un albergo?
… eine Pension	… una pensione?
Ich habe bei Ihnen ein Zimmer reserviert.	Ho prenotato una camera.
Haben Sie noch …?	È libera …?
… ein Einzelzimmer	… una singola
… ein Zweibettzimmer	… una doppia
… mit Dusche/Bad	… con doccia/bagno
… für eine Nacht	… per una notte
… für eine Woche	… per una settimana
… mit Blick aufs Meer	… con vista sul mare
Was kostet das Zimmer …	Quanto costa la camera …
… mit Frühstück?	… con la prima colazione?
… mit Halbpension?	… a mezza pensione?

PRAKTISCHE INFORMATIONEN

Arzt

Können Sie mir einen guten Arzt empfehlen?

Mi può consigliare un buon medico?

Ich habe Durchfall
Ich habe ...
... Fieber.
... Kopfschmerzen.
... Zahnschmerzen.

Soffro di diarrea.
Ho ...
... la febbre.
... mal di testa.
... mal di denti.

Bank

Wo ist bitte ...
... eine Bank?
... eine Wechselstube?
Ich möchte diese ... DM (Schilling, Schweizer Franken) in Lire wechseln.

Scusi, dove posso trovare ...
... una banca?
... un'agenzia di cambio?
Vorrei cambiare questi marchi (scellini, franchi svizzeri) in lire.

Post

Was kostet ...
... ein Brief ...
... eine Postkarte ...
nach Deutschland?

Quanto costa ...
... una lettera ...
... una cartolina ...
per la Germania?

Zahlen

0	zero	19	diciannove
1	uno	20	venti
2	due	21	ventuno
3	tre	30	trenta
4	quattro	40	quaranta
5	cinque	50	cinquanta
6	sei	60	sessanta
7	sette	70	settanta
8	otto	80	ottanta
9	nove	90	novanta
10	dieci	100	cento
11	undici	101	centouno
12	dodici	200	duecento
13	tredici	1000	mille
14	quattordici	2000	duemila
15	quindici	10000	diecimila
16	sedici		
17	diciassette	1/2	un mezzo
18	diciotto	1/4	un quarto

SPRACHFÜHRER ITALIENISCH

Carta
Speisekarte

PRIMA COLAZIONE — FRÜHSTÜCK

caffè, espresso	kleiner, starker Kaffee ohne Milch
caffè macchiato	kleiner, starker Kaffee mit wenig Milch
caffellatte	Kaffee mit Milch
caffè decaffeinizzato	koffeinfreier Kaffee
cappuccino	Kaffee mit aufgeschäumter Milch
tè al latte/al limone	Tee mit Milch/Zitrone
tè alla menta/alla frutta	Pfefferminz-/Früchtetee
tisana	Kräutertee
cioccolata	Schokolade
spremuta	frisch gepresster Fruchtsaft
succo di frutta	Fruchtsaft
frittata	Omelett/Pfannkuchen
uovo alla coque	weiches Ei
uova al tegame	Spiegeleier
uova sode	harte Eier
uova strapazzate	Rühreier
pane/panino/pane tostato	Brot/Brötchen/Toast
cornetto	Hörnchen
burro	Butter
formaggio	Käse
salame	Wurst
prosciutto	Schinken
miele	Honig
marmellata	Marmelade
iogurt	Joghurt
della frutta	etwas Obst

ANTIPASTI/MINESTRE — VORSPEISEN/SUPPEN

acciughe	Sardellen
affettato misto	gemischter Aufschnitt
anguilla affumicata	Räucheraal
carciofini sott'olio	Artischockenherzen in Öl
funghi sott'olio	Pilze in Öl
melone e prosciutto	Melone mit Schinken
minestrone	dicke Gemüsesuppe
pastina in brodo	Fleischbrühe mit feinen Nudeln
vitello tonnato	kalter Kalbsbraten mit Thunfischcreme
zuppa di pesce	Fischsuppe

PRIMI PIATTI — NUDEL- UND REISGERICHTE

pasta	Nudeln
... al burro/in bianco	... mit Butter
... alla napoletana/al pomodoro	... mit Tomatensoße (ohne Fleisch)
... alla bolognese/al ragù	... mit Tomatensoße (mit Fleisch)
... alle vongole	... mit kleinen Muscheln
... alla panna	... mit Sahne
... aglio e olio	... mit Knoblauch und Öl
... alla puttanesca	... mit Tomatensoße, Oliven und sehr scharfen Gewürzen
fettuccine/tagliatelle	Bandnudeln
gnocchi	kleine Kartoffelklößchen
agnolotti/ravioli/tortellini	gefüllte Teigtaschen
vermicelli	Fadennudeln

CARNE E PESCE — FLEISCH UND FISCH

agnello	Lamm
ai ferri/alla griglia	vom Grill
alice	Sardelle
anitra	Ente
aragosta	Languste
brasato	Braten
coda di rospo	Seeteufel
coniglio	Kaninchen
cozze/vongole	Miesmuscheln/kleine Muscheln
dorata	Goldbrasse
fegato	Leber
fritto di pesce	gebackene Fischchen
gambero, granchio	Krebs, Krabbe
maiale	Schweinefleisch
manzo/bue	Rind-/Ochsenfleisch
pesce spada	Schwertfisch
pol(i)po	Krake, Tintenfisch
pollo	Huhn
rognoni	Nieren
salmone	Lachs
scampi fritti	gebackene kleine (See-)Krebse
sgombro	Makrele
sogliola	Seezunge
spezzatino	Geschnetzeltes/Gulasch
tonno	Thunfisch
triglia	Rotbarbe, Meerbarbe
trippa	Kutteln
trota	Forelle
vitello	Kalbfleisch

SPRACHFÜHRER ITALIENISCH

VERDURA E INSALATE — GEMÜSE UND SALATE

asparagi	Spargel
brocoletti	bitteres Blattgemüse
carciofi	Artischocken
carote	Möhren, Karotten
cavolfiore	Blumenkohl
cavolo	Kohl
cipolle	Zwiebeln
fagioli	weiße Bohnen
fagiolini	grüne Bohnen
finocchi	Fenchel
friarielli	bitteres Blattgemüse
funghi	Pilze
insalata mista	gemischter Salat
insalata verde	grüner Salat
lenticchie	Linsen
melanzane	Auberginen
patate	Kartoffeln
patatine fritte	Pommes frites
peperoni	Paprika
piselli	Erbsen
pomodori	Tomaten
spinaci	Spinat
zucca	Kürbis

FORMAGGI — KÄSE

fior di latte	Kuhmozzarella
pecorino	Schafskäse
ricotta	quarkähnlicher Frischkäse

DOLCI E FRUTTA — NACHSPEISEN UND OBST

albicocca	Aprikose
anguria/cocomero	Wassermelone
arancia	Orange
cassata	Eisschnitte mit kandierten Früchten
ciliegie	Kirschen
coppa assortita	gemischter Eisbecher
coppa con panna	Eisbecher mit Sahne
fichi	Feigen
fragole	Erdbeeren
gelato	Eis
lamponi	Himbeeren
macedonia	Obstsalat
mela	Apfel
melone/popone	Honigmelone

nocciola	Haselnuss(-Eis)
pera	Birne
pesca	Pfirsich
prugna/susina	Pflaume
tirami su	Löffelbiskuit mit Kaffee und Mascarpone-Creme
uva	Trauben
vaniglia	Vanille(-Eis)
zabaione	Eierschaumcreme
zuppa inglese	Biskuit mit Vanillecreme

Lista delle bevande
Getränkekarte

BEVANDE	GETRÄNKE
acqua minerale	Mineralwasser
amabile	lieblich
amaro	Magenbitter
aranciata	Orangeade
bibita	Erfrischungsgetränk
bicchiere	Glas
birra scura/chiara	dunkles/helles Bier
birra alla spina	Bier vom Fass
birra senza alcool	alkoholfreies Bier
bottiglia	Flasche
con ghiaccio	mit Eis
digestivo	Verdauungsschnaps
frappé/frullato	Milchmixgetränk (oft mit Eis)
gassata/con gas	mit Kohlensäure
grappa	Tresterschnaps
limonata	Limonade
liquore	Likör
liscia/senza gas	pur/ohne Kohlensäure
secco	trocken
spremuta di arancia	frisch gepresster Orangensaft
spumante	Sekt
succo di frutta/di mele	Frucht-/Apfelsaft
succo di pomodoro	Tomatensaft
vino bianco/rosato/rosso	Weiß-/Rosé-/Rotwein
vino della casa	Hauswein
vino frizzante	Perlwein, moussierender Wein
vino sfuso/aperto	offener Wein

REISEATLAS CAPRI

Reiseatlas Capri

Die Seiteneinteilung für den Reiseatlas finden Sie auf dem hinteren Umschlag dieses Reiseführers

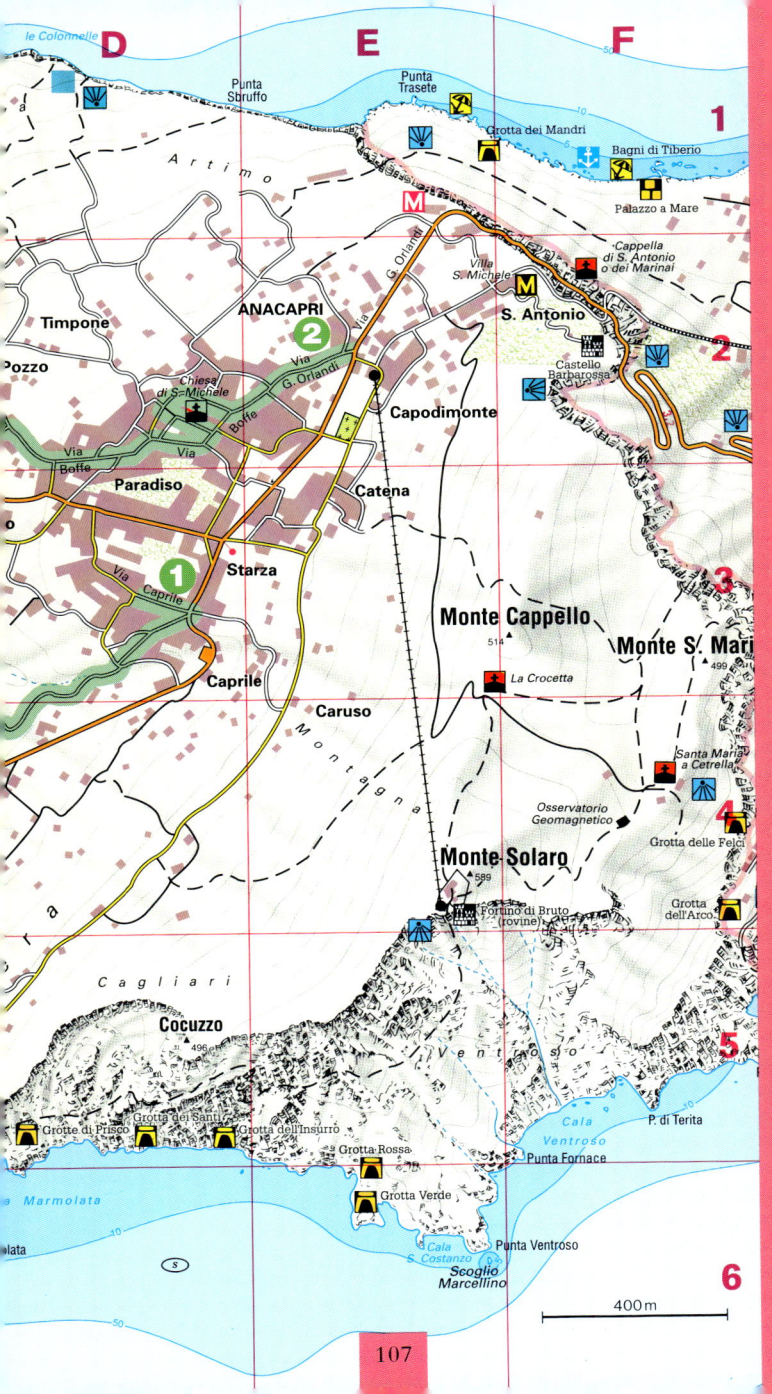

LEGENDE REISEATLAS

REGISTER

In diesem Register finden Sie alle Sehenswürdigkeiten, Museen, Restaurants, Bars, Cafés und Hotels. Haupteintragungen sind halbfett, Fotos kursiv vermerkt.

Sehenswürdigkeiten

Arco Naturale *44*, **45**, 63
Augustus-Gärten 45
Barbarossa-Burg 74, **77**
Belvedere
  Punta Cannone 47, **64f.**
Belvedere
  della Migliara 84
Belvedere
  di Tragara **45**, 63f.
Belvedere des
  Monte Tuoro 65f.
Blaue Grotte **77**, 85
Casa Rossa (C) 45
Casa Rossa (A) **78**, 88
Castiglione 64f.
Diefenbach-
  Museum 51
Faraglioni *19*, **45**, 69
Friedhöfe 51
Grotta di Matromania
  40, **46**, 63f.
Kartäuserkloster
  San Giacomo 46
Kirchen
– Deutsche Evangelische
  Kirche 50
– San Costanzo 35f, **50**
– Sant' Anna 50
– Santa Maria
  a Cetrella 36, 66, **79**
– Santa Maria
  del Soccorso 50
– San Michele (C) 50
– San Michele (A) **79**, 80
– San Salvatore 50
– Santa Sofia *70*, 76, **80**
– Santo Stefano 42 f., **50**
Marina Grande *4*, 5, **22**, 43
Marina Piccola **22**, 39, 64f.
Monte Solaro *15*, **78**, 85
Palazzo a Mare 47
Punta Cannone 47
Punta Carena 87f.
Passatiello-
  Wanderweg 66
Scala Fenicia 78
Torre della Guardia 79
Torre Materita **79**, 87
Via Krupp **47**, *48*
Villa Astarita 89
Villa Damecuta 41, **79**, 85, 88f.
Villa Fersen 8f., 21, 67
Villa Jovis 40, **48**, 67
Villa Malaparte *12*, 13, **49**
Villa San Michele 37, 73 *74*, **80**, 85

Restaurants, Bars, Cafés

Add' ò Riccio (A) 80
Da Alberto, Bar (C) 51
Aurora (C) 53
Ai Bagni
  di Tiberio (C) 52
Il Bocciodromo (C) 53
Buca di Bacco (C) 55
Buonocore (C) 51
La Cantinella (C) 52
La Canzone
  del Mare (C) 52
La Capannina (C) 52
Capri Moon (C) 52
CasaNova (C) 55
Caso, Caffè (C) 51
La Certosella (C) 53
Il Cucciolo (A) 81
'a Curtiglia (A) 82
I Faraglioni (C) 53
La Fontelina (C) 53
Da Gelsomina (A) 81
Da Gemma (C) 55
Da Giorgio (C) 55
Gran Caffè (C) 51
Le Grottelle (C) 55
Al Grottino (C) 53
Jovis, Bar (C) 51
Il Lido del Faro (A) 81
Da Luigi (C) 54
Mamma
  Giovanna (A) 82
Materita (A) 81
La Palette (C) 54
Da Paolino (C) 54
Paradiso, Caffè (C) 52
Al Piccolo Bar (C) 51
La Pigna (C) 54
La Rondinella (A) 81
La Savardina (C) 54
Scialapopolo (C) 52
La Scogliera (C) 53
Serena, Bar (C) 55
Settanni (C) 56
Il Solitario (A) 81
La Terrazza (C) 54
Tiberio, Bar (C) 51
Verginiello (C) 56
Villa Brunella (C) 52, 55

Hotels

Bellavista (A) 82
Belsito (C) 59
Biancamaria (A) 82
Canasta (C) 58
Casa Morgano (C) 56
La Certosella (C) 57
Europa Palace (A) 82
Flora (C) 57
La Floridiana (C) 58
Florida (C) 59
Al Gatto Bianco (C) 57
Il Girasole (A) 83
Loreley (A) 82
Luna (C) 57
Mamela (C) 58
La Minerva (C) 59
Palatium (C) 56
La Palma (C) 58
'a Pazziella (C) 58
La Prora (C) 59
Punta Tragara (C) 56
Quisisana, Grand
  Hotel (C) 56, **57**
La Reginella (C) 59
San Michele (A) 82
La Scalinatella (C) 57
Syrene (C) 58
Villa Brunella (C) 57
Villa Certosa (C) 59
Villa Eva (A) 83
Villa Helios (C) 59
Villa Krupp (C) 59
Villa Luisa (C) 59
Villa San Felice (C) 58
Villa Sarah (C) 59

(C) = Capri Ort; (A) = Anacapri

Was bekomme ich für mein Geld?

 Capri ist auf keinen Fall ein billiges Pflaster. Doch nicht alles muss deshalb gleich unerschwinglich sein. Beurteilen Sie selbst anhand folgender Beispiele: Für einen Cappuccino in den vier Cafés auf Capris bekannter Piazzetta zahlen Sie am Tisch zirka 8000 Lire. Bestellen Sie dazu einen kleinen Eisbecher, kostet er um die 10 000 Lire, ein Früchte-Cocktail hingegen 13 000 bis 15 000 Lire und ein Stück Torte 9000 Lire. Wenn Sie im Stehen ein kleines Eis zum Schlecken kaufen, kostet es etwa 2500 Lire. Für eine Bus- oder Seilbahnfahrt werden 1700 Lire verlangt, für eine Taxifahrt zwischen 15 000 und 35 000 Lire (je nach Entfernung), für eine zweistündige Inselrundfahrt 19 000 Lire. Ein Bootsbesuch zur Blauen Grotte kostet hin und zurück rund 25 000 Lire. Eine Telefonmünze ist 200 Lire wert (für ein Ortsgespräch).

Um das Gelände der Villa San Michele in Anacapri zu betreten, wird man mit 6000 Lire zur Kasse gebeten. Eine gute Privatunterkunft, sogar mit Balkon und Bad, kann man, im Glücksfall Meerblick inbegriffen, etwa ab 70 000 Lire – allerdings ohne Frühstück und nicht in der Hochsaison – ergattern. In der Präsidenten-Luxussuite des Top-Hotels Europa Palace in Anacapri zahlt man pro Nacht zwei Millionen Lire.

DM	Lit	Lit	DM
1	990	100	0,10
2	1.980	500	0,51
3	2.970	1.000	1,01
4	3.960	1.500	1,52
5	4.950	2.000	2,02
10	9.900	5.000	5,05
20	19.800	7.500	7,58
25	24.750	10.000	10,10
30	29.700	20.000	20,20
40	39.600	25.000	25,25
50	49.500	30.000	30,30
60	59.400	40.000	40,40
70	69.300	50.000	50,51
75	74.250	60.000	60,61
80	79.200	70.000	70,71
90	89.100	80.000	80,81
100	99.000	90.000	90,91
250	247.500	100.000	101,01
500	495.000	500.000	505,05
1.000	990.000	1.000.000	1.010,10

Seit 1999 gelten bis zur endgültigen Einführung des Euro die oben stehenden Kurse. Sie sind keinen Schwankungen mehr unterworfen.

Damit macht Ihre nächste Reise mehr Freude:

Die neuen Marco Polo Sprachführer. Für viele Sprachen.

Sprechen und Verstehen ganz einfach. Mit Insider-Tipps.

Das und vieles mehr finden Sie in den Marco Polo Sprachführern:
- Redewendungen für jede Situation
- Ausführliches Menü-Kapitel
- Bloß nicht!
- Reisen mit Kindern
- Die 1333 wichtigsten Wörter